乡村幼儿园
主题活动

小班

主　编　刘　薪　刘　霞
副主编　邹晓敏　卿云丹　李　梅
编　委　周昌钰　龚　毅　胡依婷　牟　娟
彭　霞　姜　毅　卢围围　谢　鑫
牟　宁　练斯琴　蒋元元　张俊华
林　涛

西南大學出版社
SWUP 国家一级出版社 全国百佳图书出版单位

图书在版编目(CIP)数据

乡村幼儿园主题活动．小班 / 刘薪，刘霞主编．--
重庆：西南大学出版社，2022.5
ISBN 978-7-5697-1103-5

Ⅰ．①乡… Ⅱ．①刘… ②刘… Ⅲ．①活动课程－学前教育－教学参考资料 Ⅳ．①G613

中国版本图书馆CIP数据核字(2021)第182056号

乡村幼儿园主题活动(小班)

XIANGCUN YOUER'YUAN ZHUTI HUODONG XIAOBAN

主编 刘 薪 刘 霞

责任编辑：周明琼
责任校对：李 炎
装帧设计：观止堂_未 氓
出版发行：西南大学出版社
重庆·北碚 邮编：400715
印 刷：重庆市美尚印务有限公司
幅面尺寸：185mm×260mm
印 张：13.5
字 数：451千字
版 次：2022年10月第1版
印 次：2022年10月第1次
书 号：ISBN 978-7-5697-1103-5
定 价：42.00元

前　言

人生百年，立于幼学。学前教育作为基础教育的重要组成部分，是学校教育的起点，对于幼儿性格的培养、习惯的养成和学习兴趣的奠基起着至关重要的作用。联合国教科文组织指出："受过幼儿教育的孩子与没有受过这一教育的孩子相比，往往更能顺利入学，过早辍学的可能性也少得多。较早入学有助于克服贫困或某种不利的社会环境或文化环境造成的最初困难，从而可为促进机会均等做出贡献。"由此可见，保证和提高乡村学前教育的质量，关系着我国整个教育系统质量的提高和教育功能的发挥，关系着城乡区域的均衡发展和教育公平。

为了更好地将《幼儿园教育指导纲要（试行）》《3～6岁儿童学习与发展指南》所倡导的新理念转化为广大乡村幼儿园的教育行为，纠正和消除乡村幼儿园"小学化"和"看管式"现象，在更大程度上满足农村幼儿身心健康发展的需要，促进乡村学前教育健康发展，编者决定以主题教育的形式，为读者建构一个具有广泛适应性的普适课程。

适合的才是最好的。因地制宜地开发出适合乡村幼儿发展特点和乡村经济条件的幼儿园课程资源，才能深入持久地推进乡村学前教育的发展。为编写出"适合"的乡村幼儿园主题活动，宜宾学院组建了高校教师、教研员、园长及一线教师等的编写团队。在编写过程中，教育学部何会宁部长多次带领编写团队到雷波县、宜宾市等地的乡村幼儿园进行实地考察，了解乡村幼儿园的办园条件、幼儿的发展水平、乡村幼儿园教师的专业水平，历经一年反复修订、几易其稿，最终有此成果。

为了方便教师使用，本套书力求为乡村幼儿园教师搭建一个有效且操作性强的教育支架和平台，为他们减少工作的盲目性和随意性提供切实的帮助。根据幼儿的教育教学特点,编者运用表格的形式把周教学工作计划、日教学工作计划及活动材料进行了细致的分析和阐述,并且在环境创设、大型活动的设计与组织等方面都给出了建议。在使用过程中,教师可以按其进行,也可以在此基础上根据自己的理解进行创造性处理和发挥,只是需注意,无论如何发挥都要围绕明确的教育目标。对于其中建议的活动材料和工具,也可以根据具体情况灵活对待处理。在组织活动的过程中,本套书践行"以游戏为基本活动"的教育原则,重视集体讨论、小组交流等形式,尽可能地发挥幼儿的主观能动性,做到玩中学、学中玩,促进幼儿主动思考和良好学习习惯的养成。在"日教学工作计划"表格中,特添加了"反思及调整"一栏,希望教师在此记录下每日活动的反思或调整、改变活动计划的原因和活动组织的过程,以此树立"以幼儿为本"的课程观,提升教师对课程的反思能力。

本套书凝聚了所有编写人员的智慧和努力,希望能为乡村幼儿园的课程发展,广大乡村幼儿园教师的成长及教学实践提供一些帮助,也希望教师在实践过程中提出宝贵意见和建议,以使本书能在不断修改中得到完善。

编者

2022年5月

目 录

你好，幼儿园

主题背景

幼儿第一次离开家庭来到一个完全陌生的环境，这个环境对幼儿来说充满了未知。如何帮助幼儿尽快地熟悉环境，适应集体生活，对集体产生安全感，进而喜欢上幼儿园呢？在第一月的主题活动“你好，幼儿园”中，通过各种活动让幼儿感受幼儿园的人、事、物，引导幼儿用快乐的情绪与周围环境密切接触，乐意参与幼儿园的学习生活、游戏活动等，在有规律的作息中适应幼儿园集体生活，体验到与家庭生活不同的快乐。

在主题活动中，我们在帮助幼儿缓解焦虑的同时，要让幼儿尽快熟悉和喜欢幼儿园的环境，增强一些生活自理能力，逐步学会自己的事自己做。

主题目标

1. 对幼儿园的生活好奇，喜欢上幼儿园。
2. 感知幼儿园环境和生活，感受同伴的存在。
3. 具有初步适应生活环境变化的能力。

主题网络图

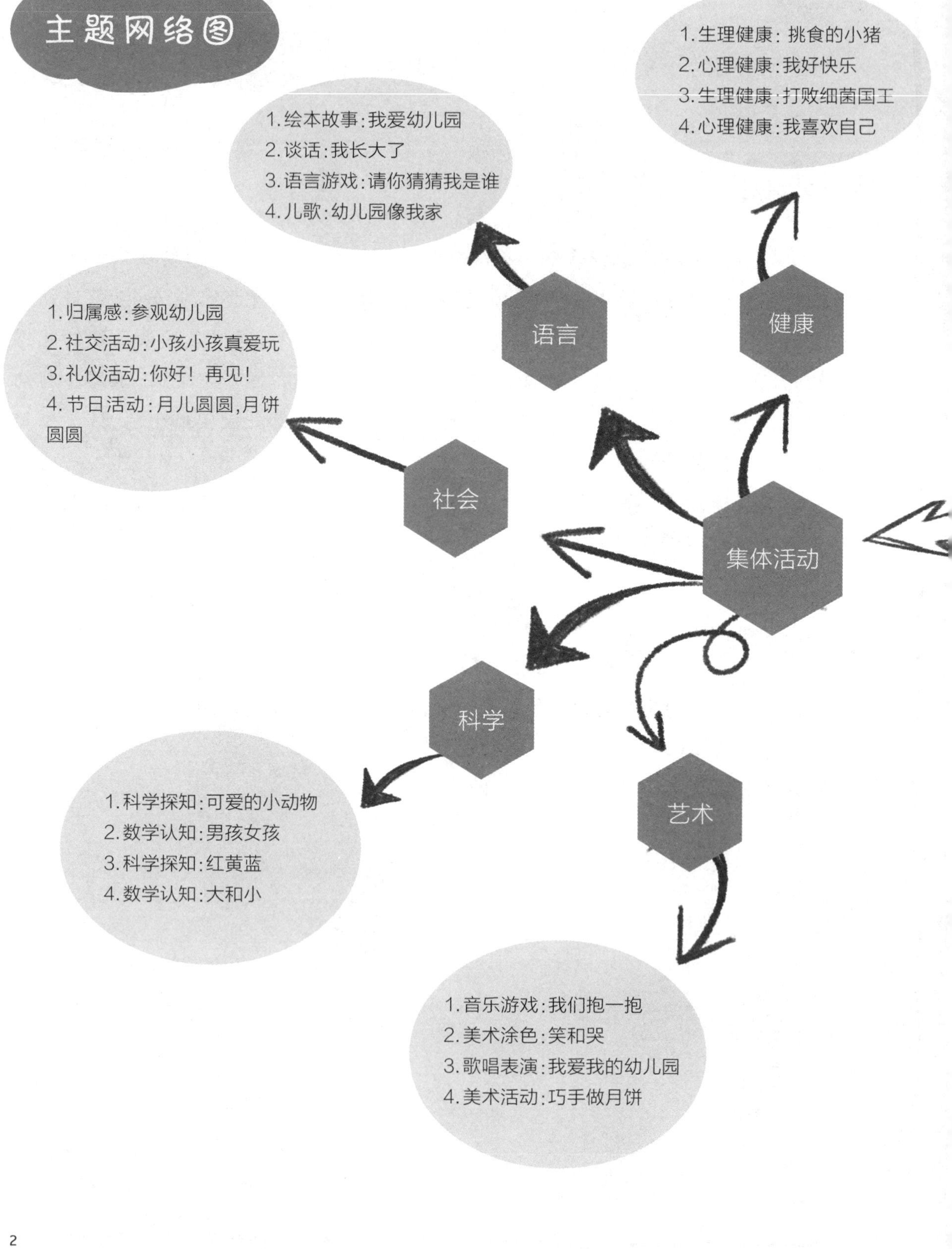
集体活动
健康
1.生理健康: 挑食的小猪
2.心理健康:我好快乐
3.生理健康:打败细菌国王
4.心理健康:我喜欢自己
语言
1.绘本故事:我爱幼儿园
2.谈话:我长大了
3.语言游戏:请你猜猜我是谁
4.儿歌:幼儿园像我家
社会
1.归属感:参观幼儿园
2.社交活动:小孩小孩真爱玩
3.礼仪活动:你好! 再见!
4.节日活动:月儿圆圆,月饼圆圆
科学
1.科学探知:可爱的小动物
2.数学认知:男孩女孩
3.科学探知:红黄蓝
4.数学认知:大和小
艺术
1.音乐游戏:我们抱一抱
2.美术涂色:笑和哭
3.歌唱表演:我爱我的幼儿园
4.美术活动:巧手做月饼

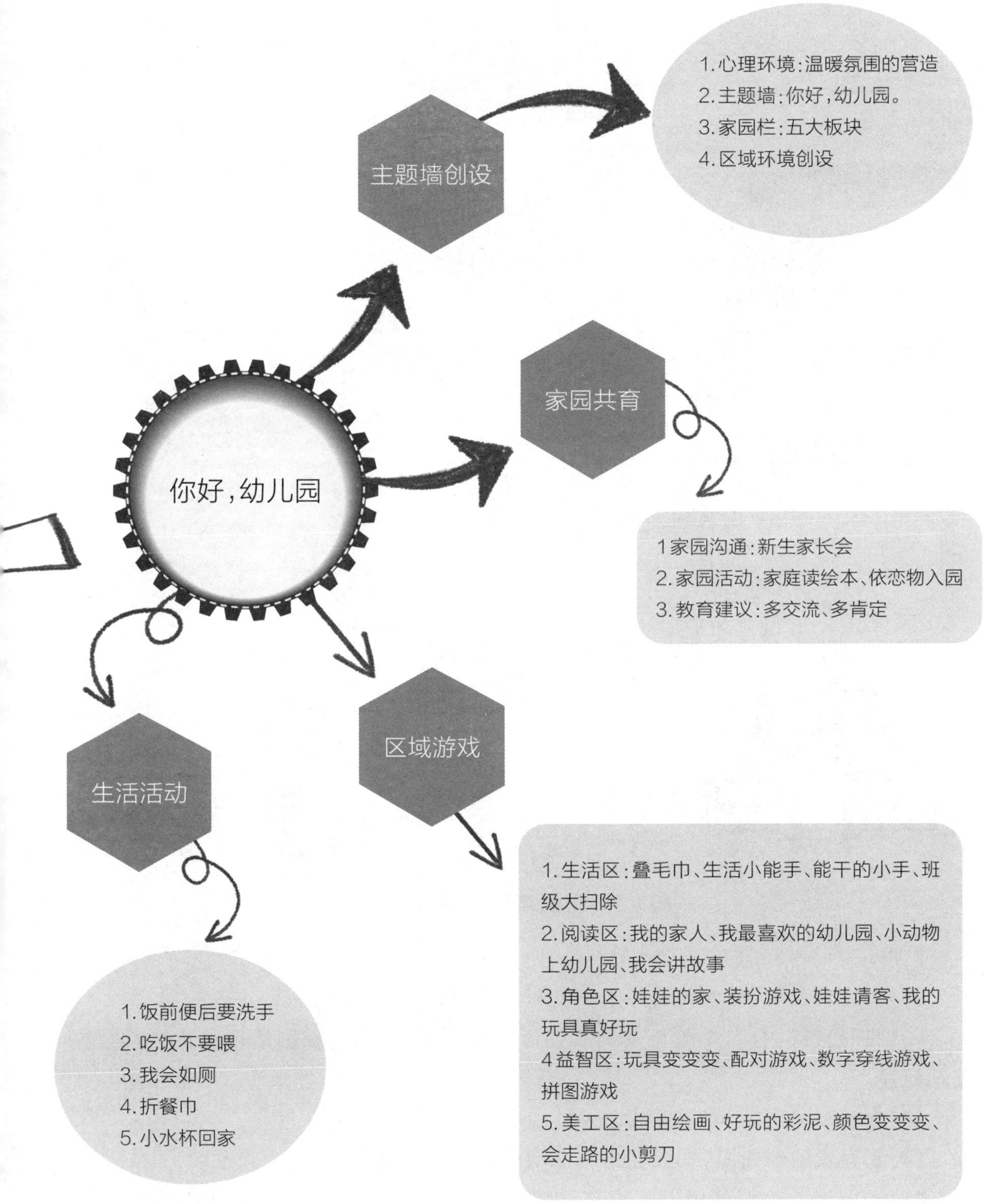
你好，幼儿园
主题墙创设
1. 心理环境：温暖氛围的营造
2. 主题墙：你好，幼儿园。
3. 家园栏：五大板块
4. 区域环境创设
家园共育
1 家园沟通：新生家长会
2. 家园活动：家庭读绘本、依恋物入园
3. 教育建议：多交流、多肯定
区域游戏
1. 生活区：叠毛巾、生活小能手、能干的小手、班级大扫除
2. 阅读区：我的家人、我最喜欢的幼儿园、小动物上幼儿园、我会讲故事
3. 角色区：娃娃的家、装扮游戏、娃娃请客、我的玩具真好玩
4 益智区：玩具变变变、配对游戏、数字穿线游戏、拼图游戏
5. 美工区：自由绘画、好玩的彩泥、颜色变变变、会走路的小剪刀
生活活动
1. 饭前便后要洗手
2. 吃饭不要喂
3. 我会如厕
4. 折餐巾
5. 小水杯回家

图 1-1　主题网络图

环境创设建议

一、主题墙创设

1. 创设主题墙“你好，幼儿园”，根据活动的进程及时更换幼儿作品。

2. 主题墙设计示例。

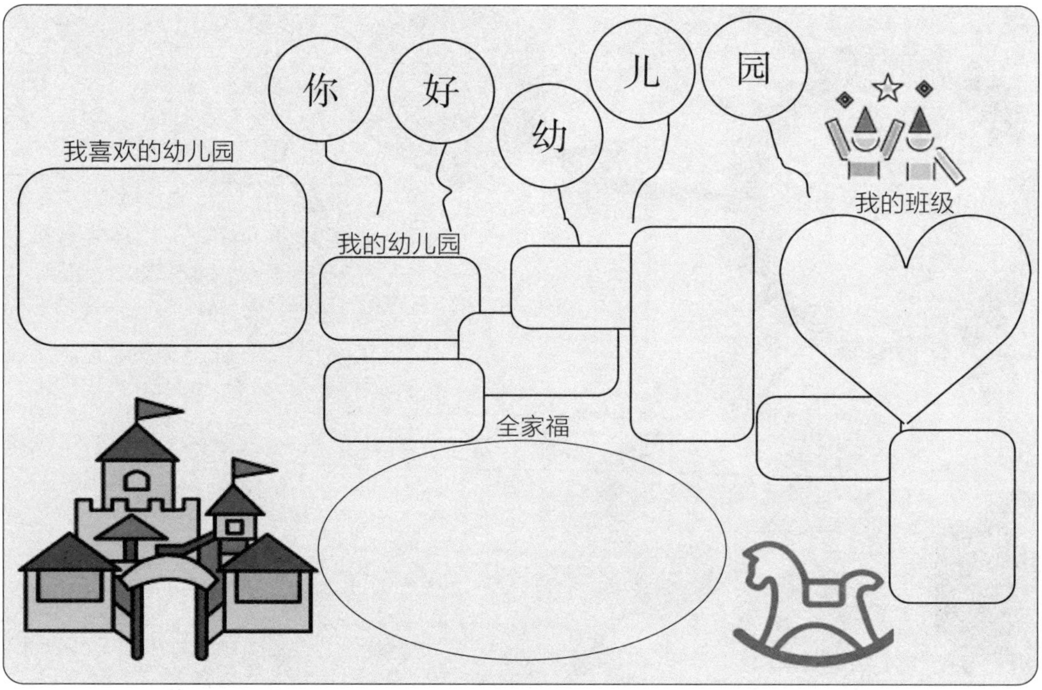

图 1-2　主题墙设计建议

说明：

（1）我的幼儿园：可放置幼儿园环境和设施照片。

（2）我的班级：分三个板块分别放置班级教师照片、幼儿在园活动照片、师幼互动照片。

（3）全家福：幼儿全家福照片。

（4）我喜欢的幼儿园：幼儿在主题活动中创作的各种绘画、手工作品。

（5）主题墙的边框可用卡纸或皱纹纸作为板块的分隔，房子和小动物可用彩色卡纸或泡沫纸制作。

二、家园栏

1. 卫生保健：新入园的宝宝为何易生病？
2. 教育在线：幼儿园小班新生入园应注意什么？
3. 教育教学：月和周计划表。
4. 温馨提示：开学温馨提示。
5. 好书推荐：《你好，幼儿园》

三、区域设计

1. 生活区：投放扫把、小撮箕、抹布、小桶、小拖把等打扫工具，让幼儿参与班级大扫除。

2. 阅读区：投放主题相关绘本和影集、小动物头饰。

3. 角色区：创设娃娃家游戏区，提供娃娃家所需物品，在娃娃家创设幼儿自带玩具收纳柜供幼儿放置自己的依恋物。

4. 益智区：提供幼儿园环境设施拼图、爸爸妈妈图像拼图、小动物拼图。

5. 美工区：投放娃娃家的制作材料。

四、温暖安全大环境氛围营造

1. 教师扮成幼儿喜欢的卡通动物形象迎接幼儿入园，校园里播放欢快的儿歌。

2. 开学前录制每个家长对孩子鼓励、安慰的话，每天选择时间段播放。

3. 让幼儿参与给班级物品贴标识活动，在小床、水杯柜、整理柜、书包柜、毛巾架上贴上幼儿名字贴。

4. 营造轻松、温暖的班级氛围。教师和蔼可亲，细心关心每个幼儿；善于发现幼儿的优点，及时表扬鼓励；多亲近幼儿，用抱抱、亲亲让幼儿感受到妈妈般的温暖；师师之间相互关心，说话和气，让幼儿感受班级大家庭每个成员之间的和谐与友爱。

工作计划表

月教学工作计划表

主题名称	你好,幼儿园	
主题目标	1.对幼儿园的生活好奇,喜欢上幼儿园。 2.感知幼儿园环境和生活,感受同伴的存在。 3.具有初步适应生活环境变化的能力。	
环境创设	1.创设主题墙"你好,幼儿园"。 2.展示家园联系栏。 3.创设活动区域。 4.营造温暖安全氛围(心理环境)。	
家园共育	1.家园沟通。 (1)在幼儿注册簿记录幼儿的姓名、性别、出生日期和父母的姓名、工作单位、联系方式,便于进行电话交流。备注留守儿童信息。 (2)班级门口设置家园栏,帮助家长及时了解当前保教信息。 (3)开学前召开新生家长会,介绍幼儿园一日活动安排和教育教学活动,提出对新生的要求,家庭需准备的物品,引导家长正确面对幼儿的入园焦虑。 (4)开学前教师向幼儿家庭了解幼儿在家生活习惯、个性特点及家庭生活情况,以便有针对性地开展工作。 2.家园活动。 (1)家庭读绘本:《你好,幼儿园》。 (2)我会自己吃饭。 (3)我会脱衣和穿裤。 (4)讲卫生:绘本《根本就不脏嘛》。 (5)礼貌教育:"你好!""再见!"。 3.教育建议。 (1)请家长带幼儿的依恋物放在班级,例如幼儿喜欢的玩具、小手帕、小枕头等,以便幼儿更快地适应环境。 (2)请家长在家庭中多和幼儿交流幼儿园活动,肯定幼儿的在园生活。 (3)成立家委会,以便更好地开展班级活动。	
安全教育	1.自我保护:保护五官,不把异物放进口、鼻、耳朵内。 2.生活安全:排队不推也不挤。	
集体活动	活动名称	活动准备
	健康领域: 1.生理健康:挑食的小猪 2.心理健康:我好快乐 3.生理健康:打败细菌国王 4.心理健康:我喜欢自己	1.玩具小猪、故事。 2.故事PPT、小兔子手偶、音乐《找朋友》。 3.细菌视频、洗手视频、肥皂。 4.绘本PPT、玩具小猪。

续表

	语言领域： 1.绘本故事：我爱幼儿园 2.谈话：我长大了 3.语言游戏：请你猜猜我是谁 4.儿歌：幼儿园像我家	1.绘本PPT。 2.由胎儿到幼儿的成长视频、婴幼儿身高表、测量尺。 3.小动物音频、拼图、头饰，眼罩多个。 4.家和幼儿园的场景图、小白兔手偶一个。
	社会领域： 1.归属感：参观幼儿园 2.社交活动：小孩小孩真爱玩 3.礼仪活动：你好！再见！ 4.节日活动：月儿圆圆，月饼圆圆	1.室内外环境布置。 2.游戏场景布置。 3.故事：故事、音乐。 4.实物月饼、不同形状的月亮图片、彩带、音乐、视频《中秋节的由来》。
	科学领域： 1.科学探知：可爱的小动物 2.数学认知：男孩女孩 3.科学探知：红黄蓝 4.数学认知：大和小	1.动物图片、头饰、音乐。 2.卫生间男女标识图、不同的男孩女孩图片、小狗手偶一个。 3.装有水的矿泉水瓶若干（瓶盖提前涂上颜料），红黄蓝颜料、勺子若干。 4.大小不同的两个娃娃，大小不同的盘子、饼干（数量与幼儿人数相等），大娃娃、小娃娃的胸饰（与幼儿人数相同），教室各处放置大小不同的实物。
	艺术领域： 1.音乐游戏：我们抱一抱 2.美术涂色：笑和哭 3.歌唱表演：我爱我的幼儿园 4.美术活动：巧手做月饼	1.相关音乐、拥抱的图片视频、毛绒玩具。 2.哭脸图和笑脸图；人手一张纸，正反两面分别是画好的空白圆脸；水彩笔。 3.相关音乐、幼儿在园活动照片一张。 4.不同形状的月饼图片、超轻黏土、月饼模具、塑料小刀。
游戏活动	活动名称	活动准备
	区域游戏 1.生活区：叠毛巾、生活小能手、能干的小手、班级大扫除 2.阅读区：我的家人、我最喜欢的幼儿园、小动物上幼儿园、我会讲故事 3.角色区：娃娃的家、装扮游戏、娃娃请客、我的玩具真好玩 4.益智区：玩具变变变、配对游戏、数字穿线游戏、拼图游戏 5.美工区：自由绘画、好玩的彩泥、颜色变变变、会走路的小剪刀	1.毛巾若干；各类钮扣、按扣、拉链等色彩鲜艳的手工材料；筷子、夹子、勺子、杯子、木碗、捣蒜器等工具；芸豆、毛线球、乒乓球、小铃铛等若干；幼儿使用的扫把、毛巾、小桶、刷子、小喷壶等。 2.幼儿全家福照片集；幼儿园各环境、设施图片集；幼儿园教师和工作人员照片集；狼、小兔、小猪等各种小动物头饰若干；绘本《我长大了》《你好，幼儿园》《我好快乐》《我喜欢自己》。 3.毛绒玩具若干、娃娃、小床、梳妆台物品、厨房物品等；娃娃穿戴用品；幼儿自带玩具收纳柜；纸、笔若干。 4.雪花片、小太阳积木等玩具若干；不同形状、大小、颜色、图案的配对材料；木质穿线数字若干；动物、幼儿园、妈妈、爸爸等拼图若干。 5.幼儿园填色图；爸爸妈妈肖像、哭脸、笑脸简笔画；纸、笔若干；月饼模具、彩泥、彩泥工具若干；与幼儿同组数量的红黄蓝颜料、调色盘各一套；各类废旧报纸、彩纸、彩笔等；大班幼儿剪纸作品若干。

续表

	户外游戏 1.网鱼 2.狼和小兔 3.开火车 4.老猫睡觉醒不了 5.迷迷转 6.打地鼠 7.老鹰捉小鸡 8.老狼老狼几点了 9.吹泡泡 10.揪尾巴 11.赶小猪 12.接送娃娃 13.丢沙包 14.抢板凳 15.颜色宝宝回家 16.过小桥 17.跳房子 18.摘果子 19.运球 20.滚铁环	1.儿歌。 2.狼头饰一个、小兔头饰若干。 3.音乐。 4.老猫头饰。 5.儿歌。 6.纸棒、音乐。 7.老鹰头饰一个、小鸡头饰若干。 8.狼头饰一个。 9.场地。 10.动物头饰和动物尾巴。 11.小棍和小球若干,场地布置。 12.娃娃、桌子。 13.沙包,场地布置。 14.板凳若干。 15.场地布置。 16.平衡木若干。 17.场地布置。 18.空中悬挂不同高度的果子图片。 19.桌子、垫子各四张,小篮子四个,小球两篮。 20.铁环若干副。
生活活动	1.提醒幼儿饭前便后要洗手。 2.提醒幼儿多喝水。 3.教幼儿学习自己如厕。	
建议	1.开学前召开班级家长会,成立家委会。 2.建立班级QQ群,邀请家长入群,特别要邀请留守儿童的父母入群。 3.结合主题活动进度,将家园联系栏、绘本、故事、儿歌等课程资源发到班级群,为留守幼儿与家长视频或电话沟通提供话题。	

第一周教学工作计划表

本周工作重点	1.稳定幼儿情绪，让幼儿知道自己要上幼儿园。 2.带幼儿参观幼儿园，让幼儿知道不离开教师和小朋友。					
本周生活活动重点	1.培养饭前便后洗手的习惯。 2.养成在园午睡的习惯。 3.学习自己取水喝，喝完放水杯；人多时会排队，不推不挤。 4.起床整理时自己穿衣裤、如厕，教师适时协助。					
	内容	星期一	星期二	星期三	星期四	星期五
上午	集体活动	艺术 我们抱一抱	科学 可爱的小动物	语言 我爱幼儿园	健康 挑食的小猪	社会 参观幼儿园
	游戏活动	生活区 叠毛巾	阅读区 我的家人	角色区 娃娃的家	益智区 玩具变变变	美工区 自由绘画
下午	游戏活动	开火车	狼和小兔	接送娃娃	迷迷转	抢板凳
备注	古诗欣赏：《悯农》。 1.教师有感情地朗诵古诗，幼儿欣赏。 2.教师讲解古诗含义，让幼儿知道要珍惜粮食。 3.幼儿跟着教师朗诵古诗。					

幼儿园班级日教学工作计划表

班级：　　　　第一周　　　　星期一　　　　教师：

时间	环节、内容及指导要点
8:30—9:00	晨检:测体温;看幼儿精神和面色是否正常;向家长询问幼儿在家的饮食、睡眠、大小便等一般情况及有无传染病接触史;检查幼儿是否携带不安全物品;做好晨检记录。 晨间活动:安抚幼儿情绪,引导幼儿选择喜欢的座位坐下玩桌面建构玩具。
9:00—10:00	户外活动(每次户外活动前要检查服装,提醒幼儿如厕): 1. 抛小球:幼儿选择小球投掷进小筐,比比看谁投的小球多,教师观察鼓励幼儿自己计数。 2. 体育活动:热身(原地或行进中,进行头部、上肢、扩胸等动作,活动关节和肌肉)、动物模仿操(可网络搜索“动物模仿操”)、集体游戏(拉拉手)、自由游戏(大型运动器械。教师观察幼儿的活动情况,关注幼儿活动安全)、放松。 3.整理:为出汗的幼儿垫上隔汗巾,回教室。
10:00—10:20	生活活动:喝水、如厕。
10:20—10:40	集体活动:我们抱一抱。 主要领域:艺术。 活动目标: 1. 熟悉音乐旋律,合拍地做出拥抱动作。 2.知道可以用拥抱来表达爱,体验与他人拥抱的快乐。 活动准备:音乐,拥抱的图片视频,毛绒玩具。 活动过程: 1. 导入:观看拥抱图片视频,引起幼儿兴趣。 提问:我们为什么要拥抱呢?(妈妈爱宝贝,开心拥抱宝贝,就是爱的拥抱。老师爱小朋友,开心拥抱宝贝,就是爱的拥抱) 2. 熟悉音乐旋律,理解歌词。 (1)教师示范唱歌,并邀请小朋友抱一抱,引导幼儿仔细倾听。 (2)帮助幼儿理解歌词。幼儿园里真快乐,可以找一个朋友抱一抱。怎么抱呢?谁来说说他们是怎么抱的? (3)用歌词小结幼儿的回答,帮助幼儿完整理解歌词。 3. 学唱歌曲。 (1)借助毛绒玩具加深幼儿对歌词的理解。教师用毛绒玩具和幼儿拥抱,让幼儿边抱毛绒玩具边学唱歌曲。 (2)师幼互动,学唱歌曲。教师引导幼儿唱歌并拥抱不同的小朋友。 (3)邀请个别幼儿上来表演唱。 4. 游戏结束:全体幼儿起立,跟随音乐边唱边找不同的小朋友拥抱。 (本教案由宜宾市市级机关幼儿园牟宁提供)
10:40—11:20	区域活动:生活区“叠毛巾”。 区域目标:感知方形在操作中的变化。 指导策略:引导幼儿观察图片,折叠成不同的形状。
11:20—11:45	生活活动:物品名字贴。 餐前活动:阅读绘本《你好,幼儿园》。
11:45—12:15	午餐:介绍食物,关注幼儿饮食习惯。
12:15—12:30	餐后活动:户外散步。

续表

时间	环节、内容及指导要点
12:30—14:30	午睡：引导幼儿安静入睡。
14:30—15:00	起床整理：引导幼儿自己穿衣裤、如厕，教师适时协助。
15:00—15:20	点心：排队取点心。
15:20—16:00	户外活动：开火车。 游戏目标：练习一个牵着一个走。 游戏准备：火车头画片或是头饰一个。 游戏玩法： 1. 教师做火车头，站在队伍前面，幼儿做车厢，双手牵着前面幼儿的后衣角，牵成一路纵队。 2. 游戏开始，教师带着大家一起念："小朋友，快快来，我们的火车就要开，开到哪里去？开到××去。"教师发出"呜——"的声音开动火车。幼儿一个牵着一个往前走，边走边发出"咔嚓咔嚓"的声音。中途教师停下说"××站到了！"幼儿一齐发出"嗤"的声音并停下，表示到站停车。 3. 如此反复两三次，直到教师说出终点站的站名，游戏结束。
16:00—16:10	离园整理：背书包、整理衣物。
反思及调整	

幼儿园班级日教学工作计划表

班级：　　　　　第一周　　　　　星期二　　　　　教师：

时间	环节、内容及指导要点
8:30—9:00	晨检:测体温,看神色,问情况,查异物,做记录。 晨间活动:玩彩泥。
9:00—10:00	户外活动: 1.丢沙包:在场地内画不同远近的三条线,幼儿取沙包自由投掷,鼓励幼儿把沙包丢到最远的线。 2.体育活动:热身、我爱洗澡韵律操(网络搜索"小班韵律操《我爱洗澡》"获取视频)、集体游戏(开火车)、自由游戏(集体游戏音乐,幼儿自由组合玩钻山洞游戏)。 3.整理:放松,为出汗的幼儿垫上隔汗巾,回教室。
10:00—10:20	生活活动:喝水、如厕。
10:20—10:40	集体活动:可爱的小动物。 主要领域:科学。 活动目标: 1. 认识不同的小动物,了解小动物的特征。 2. 模仿动物的动作,感受活动的乐趣。 活动准备:动物图片PPT、小动物头饰、音乐。 活动过程: 1. 导入,引起幼儿兴趣。 师:今天我们班来了很多小客人,我们一起来看看,来了哪些客人呢? 2. 播放PPT,帮助幼儿理解动物特征。 (1)这是谁? 它有什么本领呢? 幼儿学一学、做一做这个动物客人的动作和声音。 (2)依次呈现PPT中小动物形象,每呈现一个都请幼儿说一说小动物的名字,学一学小动物的叫声,做一做小动物的动作。 (3)播放完毕,教师指定一种小动物,幼儿快速做出这个动物的动作,比比谁学得快。 3. 分角色模仿小动物游戏。 (1)师:"森林音乐会要开始了,山羊老师邀请所有的小动物去参加音乐会,小朋友们想去吗?" (2)幼儿选择自己喜欢的小动物头饰,在音乐的伴奏下模仿小动物形象做动作。 4. 结束评价。 (本教案由宜宾市市级机关幼儿园牟宁提供)
10:40—11:20	区域活动:阅读区"我的家人"。 区域目标:大胆讲述,培养表达能力。 指导策略:看全家福照片集,鼓励幼儿大胆说说、画画自己的家人。
11:20—11:45	生活活动:饭前便后要洗手。 餐前活动:手指游戏"我有一双小小手(一)"。
11:45—12:15	午餐:介绍食物,关注幼儿饮食习惯。
12:15—12:30	餐后活动:小板凳放放好。
12:30—14:30	午睡:引导幼儿安静入睡。

续表

时间	环节、内容及指导要点
14:30—15:00	起床整理。
15:00—15:20	点心：喝水，排队取点心。
15:20—16:00	户外活动：狼和小兔。 游戏目标：练习双脚向前行进跳。 游戏准备：大灰狼头饰一个，萝卜图片若干，小兔子音乐和狼音乐。 游戏玩法： 1. 一位教师扮大灰狼藏起来，另一位教师扮兔妈妈站在萝卜地，全体幼儿扮小白兔坐在小椅子上。 2. 游戏开始，兔妈妈："萝卜成熟啦，小白兔来吃萝卜啦。"小白兔随音乐双脚向前连续跳到场地上。当狼音乐响起，狼出来抓小兔，兔妈妈喊："大灰狼来了，小白兔快回家。"所有小白兔跳回小椅子坐好。狼离开，兔妈妈："大灰狼走了，小白兔出来吃萝卜啦！"小白兔随音乐蹦跳出来。 3. 游戏反复进行2~3遍结束。
16:00—16:10	离园整理：背书包、整理衣物。
反思及调整	

幼儿园班级日教学工作计划表

班级：　　　　第一周　　　　星期三　　　　教师：

时间	环节、内容及指导要点
8:30—9:00	晨检:测体温,看神色,问情况,查异物,做记录。 晨间活动:引导幼儿取纸笔自主涂鸦。
9:00—10:00	户外活动: 1.玩呼啦圈:幼儿人手一个呼啦圈自主游戏,引导幼儿玩出不一样的玩法。 2.体育活动:热身、小动物模仿操、集体游戏(吹泡泡)、自由游戏(大型运动器械)。 3.整理:引导幼儿将呼啦圈放回原位,放松,排队回教室。
10:00—10:20	生活活动:喝水、如厕。
10:20—10:40	集体活动:我爱幼儿园。 主要领域:语言。 活动目标: 1. 通过观察画面,了解故事内容。 2. 感受幼儿园生活的有趣,喜欢上幼儿园。 活动准备:绘本PPT。 活动过程: 1. 导入。 师:今天给大家介绍一个新朋友,她的名字叫园园。园园是一个小女孩,她和小朋友们一样也到了上幼儿园的年龄。她会不会上幼儿园呢? 2. 播放绘本PPT,教师把绘本分为入园前、幼儿的自主活动、集体活动三部分来讲述,帮助幼儿分段理解故事内容。 (1)教师讲述故事第一部分。 提问:妈妈为什么要让园园上幼儿园?园园想不想上幼儿园?她担心什么?引导幼儿根据故事内容回答。 (2)教师讲述故事第二部分。 提问:园园第一天上幼儿园认识了哪个小朋友?老师带园园和明明去找其他小朋友,那些小朋友们在做什么?(引导幼儿观察图片讲述)园园和明明发现了谁?他们带小熊去了哪些地方?(引导幼儿观察讲述) (3)教师讲述故事第三部分,让幼儿感受集体生活的有趣。 3. 完整欣赏故事。 让幼儿说一说:喜欢我们的幼儿园吗?为什么? 4. 结束。根据幼儿的谈话带幼儿到最喜欢的活动区域玩耍,增强幼儿对幼儿园的喜爱之情。 (本教案由宜宾市市级机关幼儿园牟宁提供)
10:40—11:20	区域活动:角色区"娃娃的家"。 区域目标:感受角色游戏的快乐。 指导策略:引导幼儿利用角色区的材料进行游戏。
11:20—11:45	生活活动:吃饭不要喂。 餐前活动:欣赏古诗《悯农》。
11:45—12:15	午餐:介绍食物,关注幼儿的食量。
12:15—12:30	餐后活动:散步。

续表

时间	环节、内容及指导要点
12:30—14:30	午睡：引导幼儿安静入睡。
14:30—15:00	起床整理：引导幼儿自己穿衣裤、如厕，教师适时协助。
15:00—15:20	点心：排队取点心。
15:20—16:00	户外活动：接送娃娃。 游戏目标：练习在宽25厘米的平行线中间走。 游戏准备：场地中间摆一张桌子，桌子两边各画一条长3~5米、宽25厘米的小路；小娃娃两个。 游戏玩法： 1.幼儿分成两组分别呈一路纵队站在桌子两端小路起点处。 2.游戏开始，教师说："幼儿园里开学了，小朋友们送你们的宝贝上学吧。去幼儿园的路上，要走过一条小路，走小路时要小心，不要踩线掉进小河里了。"教师发出信号后，各队第一个幼儿抱着娃娃走过小路，把娃娃放在桌子上（表示送到幼儿园），走回来拍第二个小朋友的手，第二个小朋友沿小路走到桌子旁，抱起娃娃从小路走回来，把娃娃交给第三个幼儿。 3.如此依次进行，最后看哪一队幼儿接送娃娃又快又安全。
16:00—16:10	离园整理。
反思及调整	

幼儿园班级日教学工作计划表

班级：　　　　第一周　　　　星期四　　　　教师：

时间	环节、内容及指导要点
8:30—9:00	晨检。 晨间活动:引导幼儿取图书自主阅读。
9:00—10:00	户外活动: 1. 跳房子:教师在场地内画一个大方形,将大方形分成大小不同的格子若干,鼓励幼儿用不同的跳法跳房子。 2. 体育活动:热身、韵律操、集体游戏(开火车)、自由游戏(自主建构区)。 3. 整理活动:引导幼儿将区域内器材归位放好后排队回教室。
10:00—10:20	生活活动:喝水、如厕。
10:20—10:40	集体活动:挑食的小猪。 主要领域:健康。 活动目标: 1. 初步了解食物与健康的关系。 2. 懂得爱惜自己的身体,用食物补充身体所需的营养。 活动准备:故事、玩具小猪。 活动过程: 1. 教师出示玩具小猪,以小猪口吻和幼儿打招呼。 2. 教师讲述故事,帮助幼儿理解故事内容。 (1)小猪有一个什么不好的习惯?引导幼儿了解,因为挑食,小猪越来越瘦。 (2)小猪为什么住进了医院?引导幼儿了解,因为挑食,小猪营养不良,生病了。 3. 根据故事内容讨论。 (1)教师以小猪口吻提问:有没有小朋友像小猪一样挑食? (2)怎样帮助小猪恢复健康?让幼儿把想说的话对小猪说一说。 (3)教师结合班上幼儿普遍都不喜欢吃的食物,帮助幼儿了解这些食物的营养,教育幼儿不挑食。 4. 教师小结:小朋友正是长身体的时候,身体需要各种营养。我们每餐的食物都是根据小朋友身体所需的营养来搭配的。小朋友如果挑食,就会使身体缺少营养,影响身体健康。 (本教案由宜宾市市级机关幼儿园牟宁提供)
10:40—11:20	区域活动:益智区“玩具变变变”。 区域目标:培养想象力。 指导策略:引导幼儿利用拼接玩具创造不同的作品。
11:20—11:45	生活活动:适量取水不浪费。 餐前活动:手指游戏“我有一双小小手(二)”
11:45—12:15	午餐。
12:15—12:30	餐后散步。
12:30—14:30	午睡。

续表

时间	环节、内容及指导要点
14:30—15:00	起床整理。
15:00—15:20	点心：排队取点心。
15:20—16:00	户外活动：迷迷转。 游戏目标：练习原地自转1~3圈，发展平衡能力。 游戏准备：儿歌。 游戏玩法： 1. 幼儿两臂侧平举，边原地旋转边念儿歌："迷迷转，迷迷转，大风吹来，快快站。"当念到"站"字时，幼儿马上停止旋转。 2. 每回最多转三圈，以防幼儿头晕跌倒。 3. 游戏反复进行。
16:00—16:10	离园整理。
反思及调整	

幼儿园班级日教学工作计划表

班级：　　　　第一周　　　　星期五　　　　教师：

时间	环节、内容及指导要点
8:30—9:00	晨检。重点检查幼儿有无带异物入园。 晨间活动:幼儿自主选择桌面玩具进行创意建构。
9:00—10:00	户外活动: 1.滚铁环:幼儿人手一套铁环自主玩耍,教师从旁指导。 2.体育活动:热身、韵律操、集体游戏(迷迷转)、自由游戏(拍皮球)。 3.整理放松。
10:00—10:20	生活活动:喝水、如厕。
10:20—10:40	集体活动:参观幼儿园。 主要领域:社会。 活动目标: 1. 熟悉幼儿园环境,认识园内各活动室、办公室、厨房等的工作人员。 2. 喜欢上幼儿园,愿意参与集体活动。 活动准备:各场所环境布置和人员安排;活动室放置大量玩具和材料;真人小动物卡通形象。 活动过程: 1. 真人小动物卡通人物走进教室,和幼儿打招呼,引起幼儿兴趣。 师:今天我们幼儿园来了新朋友,它听说幼儿园很好玩,想要小朋友们带它参观参观。让我们一起带它参观幼儿园好不好? 2. 参观幼儿园,熟悉幼儿园环境。 (1)带领幼儿参观办公室、厨房、公共卫生间、各大中班教室。 (2)每到一处,引导幼儿礼貌地跟教师或工作人员打招呼。 (3)鼓励幼儿礼貌询问教师或工作人员,了解各活动室名称和功能。通过问答的方式让幼儿知道教室是小朋友们学习和玩耍的地方;办公室是教师工作的地方;厨房是做饭的地方。 3. 把幼儿带到放置了很多玩具和材料的功能室自由玩耍,让其感受幼儿园生活的有趣。 (本教案由宜宾市市级机关幼儿园牟宁提供)
10:40—11:20	区域活动:美工区“自由绘画”。 区域目标:认识绘画工具,感受美工活动的乐趣。 指导策略:引导幼儿大胆涂鸦。
11:20—11:45	生活活动:我会洗手。 餐前活动:教师自选故事讲述,培养幼儿安静倾听的习惯。
11:45—12:15	午餐。
12:15—12:30	餐后散步。
12:30—14:30	午睡。
14:30—15:00	起床整理。
15:00—15:20	排队取点心,喝水。

续表

时间	环节、内容及指导要点
15:20—16:00	户外活动：抢板凳。 游戏目标：能听音乐玩游戏，动作灵敏。 游戏准备：板凳、音乐。 游戏玩法： 1. 六名幼儿五张凳子，五张凳子摆成圆形，六名幼儿在凳子外围站成圆圈。 2. 教师放音乐，幼儿沿着圆形顺时针跑动，当音乐停下幼儿要快速找到一张凳子坐下，没有抢到凳子的幼儿淘汰，淘汰的幼儿带走一张凳子。 3. 游戏继续玩下去，直到剩两人抢一张板凳，抢到者获胜。 4. 可另外换六名幼儿反复游戏。
16:00—16:10	离园整理。
反思及调整	

第二周教学工作计划表

本周工作重点		1. 帮助幼儿初步适应集体生活,认识教师和小朋友。 2. 让幼儿不随便走出教室,不离开教师视线范围。				
本周生活活动重点		1. 饭前便后要洗手,习惯在园午睡。 2. 尝试自己穿衣裤。				
	内容	星期一	星期二	星期三	星期四	星期五
上午	集体活动	语言 我长大了	社会 小孩小孩真爱玩	科学 男孩女孩	艺术 笑和哭	健康 我好快乐
	游戏活动	生活区 生活小能手	阅读区 我最喜欢的幼儿园	角色区 装扮游戏	益智区 配对游戏	美工区 好玩的彩泥
下午	游戏活动	网鱼	丢沙包	老猫睡觉醒不了	颜色宝宝回家	老鹰捉小鸡
备注	古诗欣赏:《静夜思》。 1. 教师有感情地朗诵古诗,幼儿欣赏。 2. 教师讲解古诗含义,感受诗人浓浓的思乡之情。 3. 幼儿跟着教师朗诵古诗。					

幼儿园班级日教学工作计划表

班级： 第二周 星期一 教师：

时间	环节、内容及指导要点
8:30—9:00	晨检：重点检查幼儿指甲，提醒幼儿在家剪指甲。 晨间活动：幼儿自主选择桌面玩具进行创意建构。
9:00—10:00	户外活动： 1.抛小球：幼儿选择小球投掷进小筐，比比看谁投的小球多，教师观察鼓励幼儿自己计数。 2.体育活动：热身、我爱洗澡韵律操、集体游戏（吹泡泡）、自主游戏（投掷区）、整理放松。
10:00—10:20	生活活动：喝水、如厕。
10:20—10:40	集体活动：我长大了。 主要领域：语言。 活动目标： 1. 了解自己现在跟以前相比的变化。 2. 学习倾听别人并能大胆讲述。 3. 增强自我意识，体验成长带来的快乐。 活动准备：幼儿成长视频集，婴儿期身高表，测量尺。 活动过程： 1. 带幼儿玩毛毛虫变蝴蝶的手指游戏，引起幼儿兴趣。 2. 播放幼儿成长视频，帮助幼儿了解自己现在跟以前相比的变化。 （1）感受身体的成长。 讨论：身体有什么变化？ 提供测量尺让幼儿量一量，比对幼儿出生的身高，让幼儿感受身体的变化。 教师小结：我们的头、身体、手、脚各个地方都长大了。 （2）能力的成长。 讨论：以前的我是什么样？现在的我学会了什么？引导幼儿结合自身情况说说自己学会了哪些事情。 根据幼儿个人擅长展示穿衣、打扫等生活能力。 教师小结：现在我们可以自己上厕所、吃饭、喝水、穿衣、整理自己的物品，说明我们真的长大了，会自己的事自己做。 3. 游戏“长高和变矮”。 （本教案由宜宾市市级机关幼儿园牟宁提供）
10:40—11:20	区域活动：生活区“生活小能手”。 区域目标：精细动作练习，培养生活能力。 指导策略：引导幼儿使用各类钮扣、按扣、拉链、毛粘等手工玩具材料进行精细动作练习。
11:20—11:45	生活活动：我会如厕。 餐前活动：手指游戏“五只猴子荡秋千”。
11:45—12:15	午餐：介绍食物，引导幼儿愉快进餐。
12:15—12:30	餐后活动：散步。
12:30—14:30	午睡：引导幼儿安静入睡。
14:30—15:00	起床整理。
15:00—15:20	点心：排队取点心。

续表

时间	环节、内容及指导要点
15:20—16:00	户外活动:网鱼。 游戏目标:练习钻的动作。 游戏准备:在场地上画一个大圆圈。 游戏玩法: 1. 两个幼儿手拉手做一张渔网,共四张渔网,分别站在大圆圈上。其余幼儿扮鱼,站成一路纵队。 2. 游戏开始,做渔网的幼儿两臂上举搭成拱形,鱼顺着大圆圈一个跟着一个地由网下钻过,同时大家一起唱歌:“许多大鱼游来了,游来了,游来了许多大鱼,游来了。”接着做网的幼儿唱:“快快捉——住!”“捉”字可以任意重复多次,在唱到最后一个“住”字时,做渔网的幼儿两臂放下,被网住的幼儿站在圈外。 3. 游戏反复进行,也可请被网住的幼儿和搭网的幼儿交换角色。
16:00—16:10	离园整理:背书包、整理衣物。
反思及调整	

幼儿园班级日教学工作计划表

班级： 第二周 星期二 教师：

时间	环节、内容及指导要点
8:30—9:00	晨检。 晨间活动：自选区域游戏。
9:00—10:00	户外活动： 1.丢沙包：在场地内画不同远近的三条线，幼儿取沙包自由投掷，鼓励幼儿把沙包丢到最远的线。 2.体育活动：热身、我爱洗澡韵律操、集体游戏（网鱼）、自由游戏（球类区）、整理放松。
10:00—10:20	生活活动：喝水、如厕。
10:20—10:40	集体活动：小孩小孩真爱玩。 主要领域：社会。 活动目标： 1. 听信号做动作，在活动中认识小朋友。 2. 体验活动的乐趣。 活动准备：幼儿搬小椅子围坐成圆形。 活动过程： 1. 导入活动，引起幼儿兴趣。 师：小朋友都喜欢玩游戏，今天我们一起来玩“小孩小孩真爱玩”的游戏好吗？ 2. 玩游戏。 （1）师：小孩小孩真爱玩，摸摸小朋友再回来。被请到的小朋友就要去摸摸被喊到的小朋友才能回座位。 （2）请一名幼儿示范，幼儿听教师的指令，去摸教师指定的幼儿，被指定的幼儿要马上站起来，以便小朋友认识。 （3）被邀请的幼儿可以玩三至五次，换不同的幼儿参与游戏。 3. 游戏升级。 教师变换口令中的“摸摸”为其他动作，考验幼儿的倾听理解能力。如“小孩小孩真爱玩，抱抱××再回来；小孩小孩真爱玩，亲亲××再回来；小孩小孩真爱玩，拉拉××小手再回来”。游戏反复进行，邀请不同幼儿参与游戏，教师在游戏中尽量给每个幼儿机会。 4. 幼儿分享在游戏中自己认识了哪些小朋友。 （本教案由宜宾市市级机关幼儿园牟宁提供）
10:40—11:20	区域活动：阅读区“我最喜欢的幼儿园”。 区域目标：愿意大胆表达自己的想法。 指导策略：引导幼儿看幼儿园环境设施照片集，相互说说、画画自己最喜欢的幼儿园。
11:20—11:45	生活活动：早晚要刷牙。 餐前活动：欣赏古诗《静夜思》。
11:45—12:15	午餐。
12:15—12:30	餐后散步。
12:30—14:30	午睡。
14:30—15:00	起床整理。
15:00—15:20	点心：排队取点心。

续表

时间	环节、内容及指导要点
15:20—16:00	户外活动:丢沙包。 游戏目标:分散跑时能躲避沙包和他人的碰撞。 游戏准备:沙包,在场地中间画一个大方形。 游戏玩法: 1.两名教师分别站在方形两边,幼儿站在方形内。 2.游戏开始,一名教师向幼儿丢沙包,幼儿在场地内跑动躲避沙包,另一名教师捡起沙包,继续丢向幼儿。两名教师互相传接沙包,幼儿场内躲避,如果被打中则出场,如果接住沙包就多一次游戏机会。 3.游戏继续,可视幼儿对游戏的熟悉情况换幼儿来丢沙包,每次游戏可视方形大小确定人数,场内幼儿人数控制在五人以内,避免幼儿产生碰撞。
16:00—16:10	离园整理。
反思及调整	

幼儿园班级日教学工作计划表

班级：　　　　第二周　　　　星期三　　　　教师：

时间	环节、内容及指导要点
8:30—9:00	晨检：检查幼儿指甲。 晨间活动：娃娃家。
9:00—10:00	户外活动： 1.玩呼啦圈：幼儿人手一个呼啦圈自主游戏，引导幼儿玩出不一样的玩法。 2.体育活动：热身、我爱洗澡韵律操、自主游戏（平衡区）、整理放松。
10:00—10:20	生活活动：喝水、如厕。
10:20—10:40	集体活动：男孩女孩。 主要领域：科学。 活动目标： 1.初步了解男孩女孩在外貌上的不同。 2.知道自己是男孩还是女孩，建立性别意识。 活动准备： 卫生间男女标识图；不同男孩女孩图片PPT；小狗手偶一个。 活动过程： 1.出示小狗，教师模仿小狗口吻："小朋友们好，我是小花狗。"引导幼儿和小花狗问好。今天，我家来了很多客人，有男孩子还有女孩子，可是我怎么也分不清楚谁是男孩谁是女孩，小朋友们帮帮我好吗？ 2.播放PPT，幼儿观察区分男孩女孩明显的外貌特征。 （1）依次呈现图片，提问：谁来告诉小花狗，这是男孩还是女孩，从哪里看出他是男孩（女孩）呢？ （2）教师模仿小花狗口吻表示感谢，并小结男孩和女孩外貌特征。 3.游戏"小孩小孩真爱玩"。 教师发出口令"男孩男孩真爱玩，摸摸小狗跑回来"全体男孩听口令做动作。教师变换口令"女孩女孩真爱玩，摸摸小狗跑回来"，全体女孩听口令做动作。 4.带幼儿去卫生间观察男孩女孩标识图。 （本教案由宜宾市市级机关幼儿园牟宁提供）
10:40—11:20	区域活动：角色区"装扮游戏"。 区域目标：愿意和小朋友一起游戏，有交往合作意识。 指导策略：鼓励幼儿合作用角色区材料给娃娃装扮。
11:20—11:45	生活活动：吃饭不要喂。 餐前活动：手指游戏"五只猴子荡秋千（二）"。
11:45—12:15	午餐。
12:15—12:30	餐后散步。
12:30—14:30	午睡。
14:30—15:00	起床整理。
15:00—15:20	点心：排队取点心。

续表

时间	环节、内容及指导要点
15:20—16:00	户外活动:老猫睡觉醒不了。 游戏目标:练习轻轻地走和跑。 游戏准备:老猫头饰。 游戏玩法: 1. 教师扮老猫,蹲在场地中间。幼儿扮小猫,围着老猫蹲下。 2.游戏开始,"老猫"装睡着了。"小猫"一起轻念儿歌:"老猫睡觉醒不了,小猫偷偷往外瞧,小猫小猫爱游戏,轻轻走(跑)到外面去。"念完儿歌,"小猫"轻轻地走到场地周围藏起来。"老猫"听到"小猫"走开后,睁开眼睛说:"老猫睡醒四处瞧,我的孩子不见了。"同时站起来四处张望,寻找"小猫",嘴里叫"喵喵"。"小猫"听到"老猫"的叫声,一边"喵喵喵"叫着,一边赶快跑回到"老猫"身边。没有出来的"小猫","老猫"可再去寻找,让幼儿感受被找的乐趣。 3. 待幼儿熟悉玩法后,可让幼儿扮老猫。
16:00—16:10	离园整理。
反思及调整	

幼儿园班级日教学工作计划表

班级：　　　　第二周　　　　星期四　　　　教师：

时间	环节、内容及指导要点
8:30—9:00	晨检。 晨间活动：拼图游戏。
9:00—10:00	户外活动： 1.跳房子：在场地内画一个大方形，大方形分成大小不同的格子若干，教师鼓励幼儿用不同的跳法跳房子。 2.体育活动：热身、我爱洗澡韵律操、集体游戏（老猫睡觉醒不了）、自主游戏（幼儿自由玩皮球，教师重点指导双手向上抛球）、整理放松。
10:00—10:20	生活活动：喝水、如厕。
10:20—10:40	集体活动：笑和哭。 主要领域：艺术。 活动目标： 1. 学习正确的握笔姿势，在圆脸中添画五官。 2. 感受笑比哭好。 活动准备：PPT哭脸图和笑脸图；人手一张纸，正反两面分别是画好的空白圆脸；水彩笔。 活动过程： 1. 播放PPT，引导幼儿观察笑脸和哭脸，模仿图片中笑娃和哭娃的表情。 师小结：笑的时候眼睛弯弯眼角往下，嘴角弯弯嘴角往上；哭的时候眼睛弯弯眼角往上，嘴角弯弯嘴角往下。 2.教师出示添画好的双面娃娃：“老师这里有一个可爱的双面娃娃，你们想要这样的双面娃娃吗，一起来做一个吧。” 3.发给幼儿双面纸和笔，提出握笔的要求，鼓励幼儿双面添画出哭脸和笑脸。 4.展示幼儿作品，问问幼儿喜欢哪个娃娃。 小结：原来笑比哭好，我们每天都要和笑娃一样，开开心心上幼儿园。 5. 让幼儿取小镜子照照自己的表情。 （本教案由宜宾市市级机关幼儿园牟宁提供）
10:40—11:20	区域活动：益智区“配对游戏”。 区域目标：培养观察能力。 指导策略：引导幼儿观察材料的形状、大小、颜色、图案进行配对。
11:20—11:45	生活活动：宝宝会自己睡觉。 餐前活动：教师自选故事讲述。
11:45—12:15	午餐。
12:15—12:30	餐后散步。
12:30—14:30	午睡。
14:30—15:00	起床整理。
15:00—15:20	排队取点心、喝水。

续表

时间	环节、内容及指导要点
15:20—16:00	户外活动:颜色宝宝回家。 游戏目标:能认真观察,听口令进行游戏。 游戏准备:红、黄、蓝、绿、混色五个色牌,在场地内画五个圆。 游戏玩法: 1. 教师将五种色牌分别放进五个圆内,教师喊“颜色宝宝回家了!”幼儿根据自己服装颜色快速跑回相应的颜色圆内,如果服装颜色都不在红黄蓝绿四个颜色内,就选择混色圆。教师喊“颜色宝宝出来玩啦!”幼儿走到圆外,教师把圆内色牌交换,重新游戏。 2. 游戏反复进行,待幼儿熟悉玩法后,可让幼儿来交换圆内色牌。
16:00—16:10	离园整理。
反思及调整	

幼儿园班级日教学工作计划表

班级：　　　　第二周　　　　星期五　　　　教师：

时间	环节、内容及指导要点
8:30—9:00	晨检。 晨间活动：涂鸦。
9:00—10:00	户外活动： 1. 滚铁环：幼儿人手一套铁环自主玩耍，教师从旁指导。 2. 体育活动：热身、我爱洗澡韵律操、集体游戏（丢沙包，教师丢沙包，幼儿躲闪）、自主游戏（自主建构区）。 3. 整理活动：引导幼儿将区域内器材归位放好后排队回教室。
10:00—10:20	生活活动：喝水、如厕。
10:20—10:40	集体活动：我好快乐。 主要领域：健康。 活动目标： 1. 理解故事内容，知道什么是快乐。 2. 愿意开口表达自己的快乐。 活动准备：故事PPT，小兔子手偶，音乐“找朋友”。 活动过程： 1. 出示小兔子手偶，模仿小兔子口吻说话引起幼儿兴趣。 师：我是一只快乐的小兔子，以前我总爱哭，但是我发现生气、难过会让自己不舒服，所以我学会了让自己快乐。小朋友们，你们知道我的快乐从哪里来呢？一起来听听我的快乐吧！ 2. 播放绘本故事，帮助幼儿理解小兔子的快乐。 （1）提问：快乐的时候我们的表情是什么样的？引导幼儿来说一说，学一学。 （2）提问：小兔子有哪些开心的事？引导幼儿说一说。 （3）提问：小朋友有哪些快乐的事？引导幼儿结合自身情况表达自己的快乐，说一说，做一做。 （4）提问：怎样用快乐帮助别人？教师用班级实际案例举例，引导幼儿说一说。 （5）小结：用快乐感染朋友、家人，让不快乐的人也快乐起来，帮助别人能让别人快乐也能让自己快乐，让自己的快乐成倍地增长。 3. 音乐游戏“找朋友”，鼓励幼儿找一个好朋友，把自己的快乐传递给朋友。 （本教案由宜宾市市级机关幼儿园牟宁提供）
10:40—11:20	区域活动：美工区“好玩的彩泥”。 区域目标：感受美工活动的乐趣。 指导策略：引导幼儿大胆使用工具玩彩泥。
11:20—11:45	生活活动：我会穿衣裤。 餐前活动：你说我猜（猜谜语）。
11:45—12:15	午餐。
12:15—12:30	餐后散步。
12:30—14:30	午睡。
14:30—15:00	起床整理。
15:00—15:20	排队取点心、喝水。

续表

时间	环节、内容及指导要点
15:20—16:00	户外活动:老鹰捉小鸡。 游戏目标:能较灵敏地躲闪。 游戏准备:老鹰头饰、母鸡和小鸡头饰。 游戏玩法: 1. 一个教师扮老鹰,另一个教师扮母鸡,其余幼儿扮小鸡,参与幼儿用双手依次拉着前面幼儿的衣服,排在母鸡的后面。 2. 游戏开始,母鸡和小鸡一起念儿歌:“老鹰天上飞,小鸡地上跳,老鹰捉小鸡,就是捉不到。”念完后老鹰立即捕捉队尾的小鸡。小鸡随着母鸡左右移动躲闪,不让老鹰捉到。小鸡如果被捉到,马上离开场地。换一名幼儿排到最前面重新游戏,也可视运动量交换幼儿重新游戏。 3. 每次游戏幼儿人数不超过5人,避免奔跑中摔倒。待幼儿熟悉后,可换幼儿当母鸡和老鹰。
16:00—16:10	离园整理。
反思及调整	

第三周教学工作计划表

本周工作重点		1. 帮助幼儿熟悉幼儿园环境，熟悉教师和小朋友。 2. 引导幼儿使用简单的礼貌用语。				
本周生活活动重点		1. 学习排队如厕、洗手，不推不挤慢慢走。 2. 不挑食，样样都要吃。 3. 培养良好的进餐习惯。				
	内容	星期一	星期二	星期三	星期四	星期五
上午	集体活动	艺术 我爱我的幼儿园	社会 你好！再见！	科学 红黄蓝	健康 打败细菌国王	语言 请你猜猜我是谁
	游戏活动	生活区 能干的小手	阅读区 小动物上幼儿园	角色区 娃娃请客	益智区 数字穿线游戏	美工区 颜色变变变
下午	游戏活动	过小桥	老狼老狼几点了	跳房子	吹泡泡	摘果子
备注	古诗欣赏：《登鹳雀楼》。 1. 教师有感情地朗诵古诗，幼儿欣赏。 2. 教师讲解古诗含义，让幼儿知道站得高才能望得远的道理。 3. 幼儿跟着教师朗诵古诗。					

幼儿园班级日教学工作计划表

班级： 第三周 星期一 教师：

时间	环节、内容及指导要点
8:30—9:00	晨检:提醒幼儿剪指甲入园和检查幼儿有无带异物入园。做记录。 晨间活动:幼儿自选区域游戏。
9:00—10:00	户外活动: 1.抛小球:幼儿选择小球投掷进小筐,比比看谁投的小球多,教师观察鼓励幼儿自己计数。 2.体育活动:热身、动物模仿操、我爱洗澡韵律操、集体游戏(吹泡泡)、自主游戏、整理放松。
10:00—10:20	生活活动:喝水、如厕。
10:20—10:40	集体活动:我爱我的幼儿园。 主要领域:艺术。 活动目标: 1.初步学习唱歌。 2.乐意参与集体演唱活动,在唱唱跳跳中感受音乐活动带来的快乐。 3.感受幼儿园生活的愉悦,喜欢幼儿园。 活动准备:幼儿在园活动照片一张,儿歌。 活动过程: 1.教师出示活动照片,激发幼儿兴趣。 提问:你们都看到了什么? 他们在做什么?(在幼儿园我们和好朋友一起唱歌跳舞很快乐。今天老师给小朋友们播放一首儿歌,你们仔细听一听,儿歌里面都唱了些什么呢?) 2.幼儿熟悉歌曲,理解歌词。 (1)播放歌曲,让幼儿熟悉歌曲旋律。 (2)帮助幼儿理解歌词,以儿歌的形式和幼儿共同说歌词。 3.学习歌曲。 (1)教师范唱歌曲,并匹配相应的动作。 (2)幼儿跟随教师演唱。 (3)在掌握歌词的基础上,幼儿尝试表演歌曲。如:按节奏拍手,互相拥抱,拉拉手等。 (4)邀请幼儿分组或个别上台表演。 4.教师小结活动情况,激发幼儿对幼儿园的热爱之情。 (本教案由宜宾市市级机关幼儿园冯戎提供)
10:40—11:20	区域活动:生活区"能干的小手"。 区域目标:发展幼儿的精细动作。 指导策略:引导幼儿使用不同工具进行夹、舀、倒、握等动作练习。
11:20—11:45	生活活动:折餐巾。 餐前活动:手指游戏"手指变变变"。
11:45—12:15	午餐。
12:15—12:30	餐后散步。
12:30—14:30	午睡:引导幼儿独立入睡。
14:30—15:00	起床整理。
15:00—15:20	排队取点心,喝水。

续表

时间	环节、内容及指导要点
15:20—16:00	户外活动：过小桥。 游戏目标：能在平衡木上走。 游戏准备：平衡木、萝卜图片。 游戏玩法： 1. 幼儿一路纵队站在用平衡木搭建的高约30厘米的“小桥”一端。 2. 游戏开始，教师说：“我们现在去给萝卜浇水，路上要走过一座小桥，过桥时一定要注意安全，不推也不挤，小心过桥。”教师帮助幼儿一个一个过桥去浇水，再从两侧走回来。然后大家再依次走过小桥去锄草，最后教师说：“现在萝卜长大了，小朋友们去拔萝卜吧！”幼儿走过小桥每人拔一个萝卜放在小篮子里。 3. 游戏结束。
16:00—16:10	离园整理。
反思及调整	

幼儿园班级日教学工作计划表

班级： 第三周 星期二 教师：

时间	环节、内容及指导要点
8:30—9:00	晨检。 晨间活动:娃娃家。
9:00—10:00	户外活动: 1.丢沙包:鼓励幼儿投远。 2.体育活动:热身、动物模仿操、我爱洗澡韵律操、集体游戏(老鹰捉小鸡)、自主游戏、整理放松。
10:00—10:20	生活活动:喝水、如厕。
10:20—10:40	集体活动:你好！再见！ 主要领域:社会。 活动目标: 1.学会使用礼貌用语“你好！再见!” 2.愿意与同伴、教师互动,喜欢表达自己的想法。 活动准备:故事、歌曲。 活动过程: 1.故事导入,激发幼儿兴趣。 师:今天老师给小朋友们带来一位新朋友,你们看是谁呀?(出示小公鸡图片) 师:这是一只有礼貌的小公鸡,不信你听听。 2.教师分段讲述故事,并根据故事情节提问,帮助幼儿学习礼貌用语“你好！再见!”。 提问: (1)小公鸡在河边遇到谁？说了什么?(请两个幼儿来角色表演) (2)小公鸡在树下遇到谁？说了什么?(请两个幼儿来角色表演) (3)小公鸡在草地遇到谁？说了什么?(请两个幼儿来角色表演) (4)小公鸡来到小鸭子家说了什么?(请两个幼儿来角色表演) 小结:小公鸡去找小鸭子路上遇到小鱼、小狗、小兔,它们见面时说“你好”,分别时说“再见”。 3.实践互动,学会在生活中运用礼貌用语。(事先和园内某工作人员约好) (1)师:小朋友们,你们看谁到我们班来了？引导幼儿使用礼貌用语。 (2)请小朋友讨论分享在哪些生活情景中用到礼貌用语“你好！再见!”。 4.欣赏儿歌《小宝宝有礼貌》。 (本教案由宜宾市市级机关幼儿园付娟提供)
10:40—11:20	区域活动:阅读区“小动物上幼儿园”。 区域目标:激发幼儿的表现力。 指导策略:引导幼儿选择自己喜欢的小动物头饰大胆表现。
11:20—11:45	生活活动:小水杯回家。 餐前活动:猜谜语。
11:45—12:15	午餐。
12:15—12:30	餐后散步。
12:30—14:30	午睡。
14:30—15:00	起床整理。
15:00—15:20	排队取点心、喝水。

续表

时间	环节、内容及指导要点
15:20—16:00	户外活动：老狼老狼几点了。 游戏目标：练习快跑。 游戏准备：老狼头饰一个，在场地一端画一条起点线。 游戏玩法： 1.幼儿扮小动物，四散地站在起点线前面。教师戴上头饰扮老狼，背对幼儿站在幼儿前几米的地方。 2.游戏开始，小动物边往前走边问："老狼老狼几点了？"老狼回答："×点了。"小动物继续提问，老狼回答，小动物每问一句，就要大胆地走近老狼，边走边问，直到老狼回答"天黑了"时，小动物赶快转身往回跑，老狼转身追捉小动物，但不能超过起点线。 3.被捉到的小动物站到场外。 4.游戏重复进行3~5次结束。 5.幼儿熟悉游戏后，可以让幼儿扮老狼游戏。
16:00—16:10	离园整理。
反思及调整	

幼儿园班级日教学工作计划表

班级：　　　　第三周　　　　星期三　　　　教师：

时间	环节、内容及指导要点
8:30—9:00	晨检。 晨间活动:桌面玩具。
9:00—10:00	户外活动: 1.玩呼啦圈:幼儿人手一个呼啦圈自主游戏,引导幼儿玩出不一样的玩法。 2.体育活动:热身、动物模仿操、我爱洗澡韵律操、集体游戏(老狼老狼几点了)、整理。
10:00—10:20	生活活动:喝水、如厕。
10:20—10:40	集体活动:红黄蓝。 主要领域:科学。 活动目标: 1.通过实验和游戏,观察颜色的变化,培养对科学的兴趣。 2.初步感知两种颜色混合后会变成其他颜色。 活动准备: 装有水的矿泉水瓶若干,瓶盖提前涂上颜料,红黄蓝颜料、勺子若干。 活动过程: 1.教师表演魔法,引起幼儿兴趣。 教师依次出示三个矿泉水瓶,用力摇一摇,分别变出红、黄、蓝三色水。(引导幼儿观察是如何变出红、黄、蓝颜色水) 2.幼儿变魔法,尝试变出红、黄、蓝颜色水。 (1)幼儿操作魔法瓶,尝试变出红黄蓝颜色水。 (2)互相交流自己的魔法瓶变出了什么颜色。 (3)请幼儿说一说,魔法瓶是怎样变出不同颜色的水的。 (4)揭秘:原来瓶盖里有颜料,用力摇一摇,水就会变成有颜色的水。 3.黄色水宝宝找朋友。 (1)幼儿自由操作,在黄色矿泉水瓶里加入蓝颜色或红颜色的水,摇一摇,看看会变成什么颜色。 (2)教师在白板上用形象的方式记录:黄色加红色变成橙色,黄色加蓝色变成绿色。 4.引导幼儿说一说,生活中哪些东西是橙色,哪些东西是绿色。 (本教案由宜宾市市级机关幼儿园王兰英提供)
10:40—11:20	区域活动:角色区“娃娃请客”。 区域目标:感受过家家的乐趣。 指导策略:引导幼儿根据客人的爱好安排食物。
11:20—11:45	生活活动:正确洗手,不玩水。 餐前活动:阅读绘本《你好,幼儿园》、欣赏古诗《登鹳雀楼》。
11:45—12:15	午餐。
12:15—12:30	散步。
12:30—14:30	午睡。
14:30—15:00	起床整理。
15:00—15:20	排队取点心、喝水。

续表

时间	环节、内容及指导要点
15:20—16:00	户外活动：跳房子。 游戏目标：练习单脚跳和双脚跳。 游戏准备：在场地上画十个并列的格子，每个格子画上一个脚印或两个脚印。 游戏玩法： 1.幼儿排成两列纵队分别站在房子两边。 2.游戏开始，第一队第一个幼儿开始跳房子，按照格子内的脚印提示单脚或双脚跳进小房子，跳到终点拍一下第二队前面幼儿的手快速排到第二队后面，被拍的幼儿接到信息开始跳房子，跳到房子另一端后拍一下第一队前面幼儿的手快速排到第一队的后面，被拍的幼儿开始跳房子，游戏依次进行，直到所有幼儿都完成跳房子再进行第二轮跳房子。 3.等幼儿熟悉玩法后可增加难度，变换房子里的脚印或增加房子的格子难度。
16:00—16:10	离园整理。
反思及调整	

幼儿园班级日教学工作计划表

班级：　　　　第三周　　　　星期四　　　　教师：

时间	环节、内容及指导要点
8:30—9:00	晨检。晨间活动:穿线游戏。
9:00—10:00	户外活动: 1.跳房子:在场地内画一个大方形,大方形分成大小不同的格子若干,教师鼓励幼儿用不同的跳法跳房子。 2.体育活动:热身、动物模仿操、我爱洗澡韵律操、自主游戏(玩轮胎)、整理器材、放松。
10:00—10:20	生活活动:喝水、如厕。
10:20—10:40	集体活动:打败细菌国王。 主要领域:健康。 活动目标: 1.初步了解洗手的重要性,知道什么时候要洗手。 2.能正确掌握洗手的几个环节。 活动准备:细菌视频、洗手视频、肥皂。 活动过程: 1.情境导入。 师:小朋友们,今天,老师要带大家到细菌王国去看看,我们一起去看看这些小小的细菌大兵喜欢哪些地方?喜欢待在哪里? 2.分段播放视频,引导幼儿积极思考。 播放视频一。 师:细菌喜欢哪些地方?引导幼儿思考并回答赶走细菌的方法。 播放视频二。 师:孩子们,我们可以采用什么方法赶走细菌呢? 小结:洗手可以有效地赶走细菌,让我们不生病! 播放视频三,引导幼儿学习流程。 第一步打湿手,第二步抹肥皂,第三步搓手,第四步冲水,第五步擦手。 3.实践活动。 教师带幼儿进入盥洗间,念洗手歌,引导幼儿正确洗手。 (本教案由宜宾市市级机关幼儿园王建洪提供)
10:40—11:20	区域活动:益智区“数字穿线游戏”。 区域目标:感知规律排序在生活中的运用。 指导策略:引导幼儿观察指示图并按指示图中的规律穿线。
11:20—11:45	生活活动:样样都要吃。 餐前活动:手指游戏“手指变变变”(二)。
11:45—12:15	生活活动:念洗手歌,正确洗手。 午餐。
12:15—12:30	餐后散步。
12:30—14:30	午睡。
14:30—15:00	起床整理。
15:00—15:20	排队取点心、喝水。

续表

时间	环节、内容及指导要点
15:20—16:00	户外活动：吹泡泡。 游戏目标：练习一个跟着一个走成圆形队。 游戏准备：在场地上画一个大圆圈。 游戏玩法： 1.教师与幼儿手拉手沿着大圆圈站好。 2.游戏开始，大家在圆圈上按逆时针方向一个跟着一个走成圆形队伍，边走边念儿歌：“吹泡泡，吹泡泡，吹成一个大泡泡。”重复念几遍后，教师说：“泡泡飞高了。”幼儿两臂上举。教师说：“泡泡飞低了。”幼儿原地蹲下。重复数次。教师说：“泡泡破了。”幼儿发出“啪”的声音，幼儿四散离开圆圈。教师又说：“吹泡泡了！”大家又回到圆圈上站好。 3.游戏重新开始。
16:00—16:10	离园整理：背书包、整理衣物。
反思及调整	

幼儿园班级日教学工作计划表

班级：　　第三周　　星期五　　教师：

时间	环节、内容及指导要点
8:30—9:00	晨检。 晨间活动:自选区域游戏。
9:00—10:00	户外活动: 1.滚铁环:幼儿人手一套铁环自主玩耍,教师从旁指导。 2.体育活动:热身、动物模仿操、我爱洗澡韵律操、集体游戏(吹泡泡)、自主游戏(幼儿自选器械玩耍,教师注意安全防护)、整理器械、放松。
10:00—10:20	生活活动:喝水、如厕。
10:20—10:40	集体活动:请你猜猜我是谁。 主要领域:语言。 活动目标: 1.能够用听觉、视觉、触觉等感知事物,大胆猜测。 2.体验语言游戏带来的快乐。 活动准备:小动物音频、小动物拼图、小动物头饰、眼罩多个。 活动过程: 1.播放小动物声音引起幼儿兴趣。 师:今天我们班上来了神秘客人,我们来听一听猜一猜都来了哪些客人? 教师依次播放小动物声音,每播放一个,幼儿模仿小动物声音回答,如小猫喵喵喵、小狗汪汪汪、小鸡叽叽叽等。 2.看动物拼图,猜猜我是谁。 师:刚才你们真厉害,听声音就知道来了哪些小客人。现在小客人把自己变成了四部分,考考小朋友谁先认出我们的小客人。 (1)出示小鸡部分图一,教师模仿小动物提问:“请你猜猜我是谁?”引导幼儿观察图片大胆猜测,如果没有猜出,教师继续出示图二、图三、图四并重复提问,直到幼儿猜对。 (2)教师依次出示其余小动物拼图,引导幼儿仔细观察,大胆猜测。 3.听一听,摸一摸,猜猜我是谁 (1)请几名幼儿扮小动物,教师戴上眼罩去摸幼儿,被摸到的小朋友要学小动物叫声,并大声说:请你猜猜我是谁? (2)幼儿熟悉游戏后,可增加猜者去猜其他幼儿名字。 4.结束,教师小结。 (本教案由宜宾市市级机关幼儿园刘露提供)
10:40—11:20	区域活动:美工区“颜色变变变”。 区域目标:培养观察和动手能力。 指导策略:引导幼儿探索两种不同颜色混合带来的色彩变化。
11:20—11:45	生活活动:我会整理。 餐前活动:教师自选故事讲述。
11:45—12:15	午餐。
12:15—12:30	餐后散步。
12:30—14:30	午睡。
14:30—15:00	起床整理。

续表

时间	环节、内容及指导要点
15:00—15:20	点心：排队取点心。
15:20—16:00	户外活动：摘果子。 游戏目标：练习原地纵跳触物。 游戏准备：长绳上悬挂不同高度的果子图片，小篮两个。 游戏玩法： 1. 幼儿分成人数相等的两队，在起点线后站好。 2. 游戏开始，两队第一个幼儿向前跑到水果下，双脚跳起摘水果，然后跑回去把水果放进小篮里，再拍第二个幼儿的手，站到本队队尾，这样依次进行，摘得多的队为胜。 3. 游戏进行2~3轮，每次每个幼儿只能摘一个水果。
16:00—16:10	离园整理：背书包、整理衣物。
反思及调整	

第四周教学工作计划表

本周工作重点		1.培养幼儿爱园情感,能高高兴兴上幼儿园。 2.让幼儿体验参加集体活动的快乐,乐意与同伴相处。 3.引导幼儿参加户外活动不推不挤,遵守秩序。				
本周生活活动重点		1.引导幼儿学习排队如厕、洗手,不推不挤慢慢走。 2.培养良好的进餐习惯,不挑食。 3.爱惜粮食不掉饭。				
	内容	星期一	星期二	星期三	星期四	星期五
上午	集体活动	语言 幼儿园像我家	社会 月儿圆圆, 月饼圆圆	科学 大和小	艺术 巧手做月饼	健康 我喜欢自己
	游戏活动	生活区 班级大扫除	阅读区 我会讲故事	角色区 我的玩具真好玩	益智区 拼图游戏	美工区 会走路的小剪刀
下午	游戏活动	运球	打地鼠	滚铁环	赶小猪	揪尾巴
备注	古诗欣赏:《游子吟》。 1.教师有感情地朗诵古诗,幼儿欣赏。 2.教师讲解古诗含义,幼儿感受古诗中诗人对母亲深深的爱与感激尊敬之情。 3.幼儿跟着教师朗诵古诗。					

幼儿园班级日教学工作计划表

班级：　　　　　　第四周　　　　　星期一　　　　　教师：

时间	环节、内容及指导要点
8:30—9:00	晨检：重点检查幼儿指甲。 晨间活动：娃娃家游戏。
9:00—10:00	户外活动： 1.抛小球：幼儿选择小球投掷进小筐，比比看谁投的小球多，教师观察鼓励幼儿自己计数。 2.体育活动：热身、动物模仿操、我爱洗澡韵律操、集体游戏（老鹰捉小鸡）、自主游戏、整理器材、放松。
10:00—10:20	生活活动：喝水、如厕。
10:20—10:40	集体活动：幼儿园像我家。 主要领域：语言。 活动目标： 1.喜欢儿歌，学习用普通话朗诵儿歌。 2.感受教师的爱，喜欢上幼儿园。 活动准备：家和幼儿园的场景图，小白兔手偶一个，儿歌。 活动过程： 1.出示小兔子手偶，教师以“小兔子”口吻向幼儿问好：小朋友们，我有两个家，一个爸爸妈妈的家，还有一个就是幼儿园的家，请大家到我的两个家去看看吧！ 2.观看家和幼儿园的场景图，感受幼儿园像我家。 （1）引导幼儿观察图片说说家和幼儿园的相同的地方，教师像妈妈一样做了哪些事？鼓励幼儿说出：“家里有妈妈，幼儿园的妈妈是老师，老师就像妈妈。” （2）小兔子用儿歌小结。 3.学习儿歌。 （1）教师告诉幼儿儿歌名称，并完整朗诵，同时尽可能搂抱每一个孩子。 （2）幼儿学习朗诵儿歌，并跟随教师做相应的动作。 （3）小组和个别幼儿上台表演。 4.结束语：回家之后把这首儿歌分享给爸爸妈妈听哟！ （本教案由宜宾市市级机关幼儿园冯戎提供）
10:40—11:20	区域活动：生活区“班级大扫除”。 区域目标：学习使用工具参与劳动，体验劳动的快乐。 指导策略：引导幼儿正确使用扫把、毛巾、小桶、刷子、小喷壶等工具参与劳动。
11:20—11:45	生活活动：爱洗澡、勤理发。 餐前活动：表演儿歌《园里的番茄圆又大》。
11:45—12:15	午餐。
12:15—12:30	餐后散步。
12:30—14:30	午睡：教师讲述睡前故事，让幼儿自然入睡。
14:30—15:00	起床整理。
15:00—15:20	点心：排队取点心。

续表

时间	环节、内容及指导要点
15:20—16:00	户外活动:运球。 游戏目标:翻、跳、爬的动作练习。 游戏准备:将桌子、垫子各四张分别设置成两组关卡障碍,小篮子两个,相同数量的小球两篮。 游戏玩法: 1.幼儿分成两路纵队,分别站在两个关卡前。 2.听到口令,两组的第一个幼儿分别翻上桌子,快速走过两张桌子,从桌上跳到垫子上,趴下爬过垫子,到篮子里取球,从侧面跑回去把小球放入小篮。 3.下一名幼儿继续闯关,取球放回小篮。 4.游戏依次进行,先把球运完的小组获胜。
16:00—16:10	离园整理。
反思及调整	

幼儿园班级日教学工作计划表

班级：　　　　第四周　　　　星期二　　　　教师：

时间	环节、内容及指导要点
8:30—9:00	晨检。 晨间活动：拼图。
9:00—10:00	户外活动： 1. 丢沙包：在场地内画不同远近的三条线，幼儿取沙包自由投掷，鼓励幼儿把沙包丢到最远的线。 2. 体育活动：热身、动物模仿操、我爱洗澡韵律操、集体游戏（老狼老狼几点了）、自主游戏、整理放松。
10:00—10:20	生活活动：喝水、如厕。
10:20—10:40	集体活动：月儿圆圆，月饼圆圆。 主要领域：社会。 活动目标： 1. 了解中秋节的由来和习俗。 2. 感受中秋节的团圆和幸福。 活动准备：实物月饼，不同形状的月亮图片，彩带，音乐，视频《中秋节的由来》。 活动过程： 1. 谈话引入。 （1）你们平时看到的月亮是什么形状的？ 师小结：月亮有时是弯弯的，有时是圆圆的，有时是半圆的（出示不同形状的月亮）。 （2）你们喜欢什么样的月亮？ 师：我最喜欢又大又圆的月亮，什么时候的月亮又大又圆？引出中秋节的月亮又大又圆。 2. 看视频，帮助幼儿了解中秋节的由来和习俗。 （1）每年哪一天是中秋节？ （2）中秋节要吃什么美食？为什么要吃月饼？ 师：中秋节又叫团圆节，我们会和家人朋友一起赏月、吃月饼、玩花灯、放焰火，一家人团聚在一起，所以中秋节又叫作团圆节。圆圆的月饼，古时候叫作“团圆饼”。 3. 分享月饼，感受节日的幸福感。 （1）师：你们知道有哪些口味的月饼？引导幼儿说一说。 （2）幼儿集体分享月饼。 4. 音乐游戏“嫦娥奔月”：幼儿人手一根彩带，听音乐自由舞蹈。 （本教案由宜宾市市级机关幼儿园刘露提供）
10:40—11:20	区域活动：阅读区“我会讲故事”。 区域目标：锻炼胆量。 指导策略：引导幼儿讲述时先自我介绍，再讲述故事名字和内容。
11:20—11:45	生活活动：小水杯回家。 餐前活动：猜谜语。
11:45—12:15	午餐。
12:15—12:30	散步。
12:30—14:30	午睡。

续表

时间	环节、内容及指导要点
14:30—15:00	起床整理。
15:00—15:20	点心:排队取点心。
15:20—16:00	户外活动:打地鼠。 游戏目标:能够练习快速蹲下和站立。 游戏准备:超轻纸棒,在场地内画一个大圆,欢快音乐。 游戏玩法: 1.全体幼儿站在圆上,教师站在圆内并拿纸棒扮打地鼠的人。 2.音乐响起,打地鼠游戏开始。教师随音乐节奏轻触幼儿,幼儿快速蹲下躲避,站立并被打中的幼儿退出场地。 3.游戏反复进行,待幼儿熟悉后可换幼儿扮打地鼠的人,还可增加一个打地鼠的人。
16:00—16:10	离园整理。
反思及调整	

幼儿园班级日教学工作计划表

班级：　　　　第四周　　　　星期三　　　　教师：

时间	环节、内容及指导要点
8:30—9:00	晨检。晨间活动：穿线游戏。
9:00—10:00	户外活动： 1. 玩呼啦圈：幼儿人手一个呼啦圈自主游戏，引导幼儿玩出不一样的玩法。 2. 体育活动：热身、模仿操、集体游戏（网鱼）、自主游戏、整理放松。
10:00—10:20	生活活动：喝水、如厕。
10:20—10:40	集体活动：大和小。 主要领域：科学。 活动目标： 1.尝试用目测的方法比较大小，感受物体大小的相对性。 2.用声音体验大小，感受游戏的乐趣。 活动准备：大小不同的两个娃娃；大小不同的盘子、饼干（数量与幼儿人数相等）；大娃娃，小娃娃的胸饰（与幼儿人数相同）；教室各处放置大小不同的实物。 活动过程： 1.讲述故事《大大和小小》，引起幼儿兴趣。 2.引导幼儿初步感受大小。 （1）今天，大大和小小来到我们班做客了，我们来看一看，它们有什么不一样呢？（引导幼儿发现大小的不同） （2）给大大和小小送礼物：大小不同的两顶帽子、两个玩具。 3.大大和小小吃点心：尝试目测比较大小。 （1）幼儿选择一个胸饰戴上，变成大大和小小。 （2）幼儿根据胸饰的大小，拿出相应大小的盘子取点心。 4.大大、小小来唱歌：用声音表现大小，再次感受大小的相对性。（引导幼儿从声音的角度感知“大声”和“小声”。） 5.知识拓展：通过教室的各种实物来让幼儿比较大小。 （本教案由宜宾市市级机关幼儿园王兰英提供）
10:40—11:20	区域活动：角色区“我的玩具真好玩”。 区域目标：感受分享的快乐。 指导策略：引导幼儿主动分享自带的玩具。
11:20—11:45	生活活动：洗手。 餐前活动：欣赏古诗《游子吟》。
11:45—12:15	午餐。
12:15—12:30	餐后散步。
12:30—14:30	午睡。
14:30—15:00	起床整理。
15:00—15:20	点心：排队取点心。

续表

时间	环节、内容及指导要点
15:20—16:00	户外活动:滚铁环。 游戏目标:练习走和跑。 游戏准备:铁环若干副。 游戏玩法: 1.幼儿自由选择铁环玩耍。 2.左手提铁环,右手拿铁钩,将钩子托住铁环,左手轻放开铁环,铁钩立即推动铁环向前滚动。 3.游戏中鼓励幼儿观察和探索铁环的玩法。
16:00—16:10	离园整理。
反思及调整	

幼儿园班级日教学工作计划表

班级： 第四周 星期四 教师：

时间	环节、内容及指导要点
8:30—9:00	晨检。晨间活动：玩彩泥。
9:00—10:00	户外活动： 1. 跳房子：教师鼓励幼儿用不同的跳法跳房子。 2. 体育活动：热身、韵律操、集体游戏（小孩小孩真爱玩）、自主游戏、放松。
10:00—10:20	生活活动：喝水、如厕。
10:20—10:40	集体活动：巧手做月饼。 主要领域：艺术。 活动目标： 1.能够用揉、搓、压、推、切等技能做月饼，发展精细动作。 2.感受过节的喜悦，愿意参加美工制作活动。 活动准备：不同形状的月饼图片、超轻黏土、月饼模具、塑料小刀。 活动过程： 1.师播放音乐《八月十五月儿圆》，请幼儿欣赏。 提问：歌曲中唱的是什么节日？他们在做什么？ 2.师出示不同形状的月饼图片。 （1）你看到的月饼是什么形状呢？ （2）你还知道哪些形状的月饼？ 3.幼儿制作月饼。 （1）认识美工工具，教师示范制作过程，伴随儿歌制作。（儿歌：八月十五月儿圆。月饼香香又甜甜。小小黏土手中捏，我的月饼香又甜。） （2）幼儿自选工具和彩泥操作，鼓励幼儿制作不同形状的月饼。 4.展示幼儿作品，鼓励幼儿分享自己的制作过程或介绍自己的作品。 活动延伸：教师可以在建构区投放各类月饼盒，请幼儿进行搭建玩耍。可将幼儿带至户外进行泥土月饼的制作。 （本教案由宜宾市市级机关幼儿园刘倩云提供）
10:40—11:20	区域活动：益智区“拼图游戏”。 区域目标：感知图形之间的组合关系。 指导策略：引导幼儿观察色彩、图案，找寻规律进行拼图。
11:20—11:45	生活活动：样样都要吃。 餐前活动：表演儿歌《园里的番茄圆又大》。
11:45—12:15	午餐。
12:15—12:30	餐后散步。
12:30—14:30	午睡。
14:30—15:00	起床整理。
15:00—15:20	点心：排队取点心。

续表

时间	环节、内容及指导要点
15:20—16:00	户外活动：赶小猪。 游戏目标：能用小棍控制小球向前滚动。 游戏准备：小棍和小球若干；在场地内画起点和终点。 游戏玩法： 1.将幼儿分组，每组五人。 2.游戏开始，五名幼儿各拿一根小棍将小球从起点赶到终点，先到达者获胜。 3.依次进行第二轮、第三轮，直到几组幼儿全部完成。
16:00—16:10	离园整理。
反思及调整	

幼儿园班级日教学工作计划表

班级：　　　　第四周　　　　星期五　　　　教师：

时间	环节、内容及指导要点
8:30—9:00	晨检。晨间活动：桌面玩具建构。
9:00—10:00	户外活动： 1. 滚铁环：幼儿人手一套铁环自主玩耍，教师从旁指导。 2. 集体早操：幼儿主动积极参与做早操。 3. 自由游戏：幼儿自主选择器材进行游戏，教师观察幼儿的活动情况并关注幼儿活动安全。 4. 整理活动：引导幼儿将区域内器材归位放好后排队回教室。
10:00—10:20	生活活动：喝水、如厕。
10:20—10:40	集体活动：我喜欢自己。 主要领域：健康。 活动目标： 1. 理解故事内容，初步认识自我。 2. 有自信心，能够说出自己的长处。 活动准备：绘本PPT，玩具小猪。 活动过程： 1. 出示小猪，以小猪的口吻说：小朋友们，我是小猪，我有很多好朋友，有一个我最喜欢的，你们猜猜它是谁？对，我最喜欢的朋友就是我自己。 2. 教师讲述故事，分段帮助幼儿理解故事内容，提问引导幼儿大胆表达。 (1)小猪会和自己做好玩的事，会画漂亮的画，你会做什么好玩的事？ (2)小猪喜欢照顾自己，自己刷牙、洗澡、吃营养食物。你们是怎么照顾自己的？ (3)小猪喜欢自己的卷尾巴、圆肚子、细小脚。你喜欢自己身体哪个地方？ (4)小猪每次心情不好时，会想办法让自己开心。你心情不好时用什么办法让自己开心呢？ 教师小结：我们有一个朋友就是自己，会自己照顾自己，自己的事情自己做。 3. 讨论：我喜欢自己什么？引导幼儿自由分享，大胆说出喜欢自己的理由。 4. 游戏：击鼓传花。 规则：大家击鼓传花，当鼓声停时花在谁的手里，谁就大声说出自己的优点。 （本教案由宜宾市市级机关幼儿园付娟提供）
10:40—11:20	区域活动：美工区“会走路的小剪刀”。 区域目标：锻炼精细动作，学习使用小剪刀。 指导策略：引导幼儿正确使用小剪刀为角色区剪面条、米饭等。
11:20—11:45	生活活动：我会整理。 餐前活动：阅读绘本《你好，幼儿园》。
11:45—12:15	午餐。
12:15—12:30	餐后散步。
12:30—14:30	午睡。
14:30—15:00	起床整理。

续表

时间	环节、内容及指导要点
15:00—15:20	点心:排队取点心、喝水。
15:20—16:00	户外活动:揪尾巴。 游戏目标:练习走步和躲闪的能力。 游戏准备:纸带两条。 游戏玩法: 1.幼儿后腰各塞一条纸带,三分之一塞进裤腰,三分之二拖在外面当尾巴。 2.两名幼儿相对站在场内,教师当裁判,发出指令,游戏开始。两人同时左右挪动,互相揪对方的尾巴,但不能推拉,以先揪下对方的尾巴者获胜。 3.更换幼儿,游戏重新开始,也可请其他幼儿来挑战获胜幼儿。待幼儿熟悉后,可请幼儿来当裁判。
16:00—16:10	离园整理:背书包、整理衣物。
反思及调整	

小班新生家长会方案

一、活动时间

开学前两天。

二、活动地点

本班教室。

三、活动目的

1. 让家长了解幼儿园的基本情况以及保教目标，形成理解信任、相互支持的合作氛围。

2. 帮助家长了解小班孩子的年龄特点，使家长能够有针对性地进行家庭教育。

3. 帮助孩子尽快熟悉幼儿园，适应集体生活，喜欢上幼儿园。

四、活动准备

1. 会场布置。

2. 家长会签到表、小班一日活动作息时间表、签字笔。

3. 家长会PPT。

五、活动过程

（一）班级情况介绍

1. 班级教师情况，如教师姓名、毕业院校、教龄、联系方式等。

2. 班级基本情况，如小班孩子年龄特点、人数等。

3. 幼儿园环境，如户外场所、区角、午睡室、活动室、盥洗室情况。

4. 班级QQ群,请家长扫码加入。

(二)刚入园幼儿将面临的挑战

1. 分离焦虑。

孩子们离开熟悉的环境和人,会有情绪波动,这是正常现象。我们会尊重、接纳、理解孩子的情绪,陪伴孩子建立新的依恋关系,关注孩子的情况,有需要时及时回应。班级会开展生动有趣的游戏活动,让孩子玩得开心。

给家长的建议:对于特别焦虑的幼儿,可允许其带一个依恋物(如玩具、小枕头、小手帕等)来幼儿园。家长在家庭中多和幼儿交流幼儿园的生活,肯定幼儿的在园生活。

2. 生活与游戏。

孩子进入集体生活,有很多事情需要自己动手去尝试。我们会给孩子提供自我服务的机会,班级也会开展相应的生活活动,如自己如厕(当小朋友解完便时,教师会鼓励孩子自己提裤子,而教师会悄悄在后面帮助他勾勾裤子,这样既给了孩子锻炼的机会,也增加了孩子的自信心)、自己整理小书包等。

给家长的建议:大胆放手让孩子去尝试、去体验,如鼓励幼儿帮父母拿拖鞋,做摆盘子、发筷子等家务,收拾整理自己的物品,等等。

3. 交往适应。

不同的家庭环境使每个孩子都有自己不同的交往方式、表达方式、理解方式,孩子第一次从家庭进入同龄小社会,在与同伴相处的过程中,难免会发生矛盾和冲突。当问题出现时,我们可以这样做:先关注孩子的安全,给予情绪安抚,抱抱他,摸摸他,然后教师会梳理事情的过程,帮助孩子明白相处的方法。

给家长的建议:成人要理性看待孩子的冲突。孩子间的交往是单纯的,矛盾冲突来得快也去得快。带着孩子多阅读一些人际交往的绘本,及时和教师沟通,相信教师会处理好的。

(三)小班一日活动作息时间安排介绍

略。

(四)本学期保教任务及内容

每个月我们会根据节日、孩子的情况来开展主题活动,结合主题开展一些大型活动,希望家长积极参与。

(五)幼儿接送、安全问题

1. 接送。

请家长每天按时接送幼儿,有事有病提前请假。如委托他人来接孩子,必须先发短消息告知教师。

2. 安全问题。

（1）不让幼儿带危险物品和贵重物品入园，让幼儿学会自我保护，不把异物放进口、鼻、耳朵内。

（2）教育孩子不吃陌生人的东西，不跟陌生人走。

（3）乘坐安全的交通工具，不乘危险车辆。

（六）家长配合

1. 如果你的联系方式（电话号码、微信、QQ等）有变动，请及时告知教师。

2. 为幼儿带两条裤子、衣服、隔汗巾并写上名字。

3. 告诉教师幼儿在家的生活习惯、个性特点以及家庭生活情况，以便有针对性地开展工作。

4. 多给孩子正面引导，不能恐吓、打骂幼儿。

5. 不给幼儿穿拖鞋或者不便于活动的衣服裤子。

（七）家长答疑

对于新生家长来说，必然有许多需要深入了解的地方，现在给家长们一个交流的时间。

最后，谢谢大家的聆听。

（本方案由宜宾市江安县阳春镇踏水桥幼儿园卢围围提供）

××幼儿园××亲子活动安全预案

为确保××亲子活动顺利进行,能在本次亲子活动中及时、有效、妥善地处置好突发事故,以确保全园师幼的生命安全,特制订本预案:

一、成立安全领导小组

组长:××;副组长:××;成员:××。

二、职责

1. 领导组。

组长:此次亲子活动安全总负责人。对场地、物资进行安全隐患排查;安抚全体师幼情绪。

副组长:本次活动现场安全负责人。现场人员安排,做到定点定位;制订疏散路线方案与细则,保证整个活动在调度和控制上不慌乱,一旦发生事故第一时间调度现场所有人员根据疏散路线及时疏散。

成员:巡视活动现场,应急处理现场突发情况。一旦发生事故,配合组长和副组长指导现场人员疏散,避免发生拥挤踩踏等二次事故;统计各班情况并上报相关负责人。

2. 常规组。

班主任:本次活动期间班级第一安全责任人,提前对班级幼儿及家长进行相关安全教育。活动期间不得离开本班幼儿,随时清点幼儿人数、掌握本班情况。一旦发生事故,根据安排有序组织家长及幼儿撤离到安全区域,安抚幼儿情绪,及时清点幼儿人数,做好登记后上报相关负责人。

配班教师、保育员:协助班主任完成班级所有事项,听从班主任调度安排。

家长:活动现场幼儿安全第一责任人。活动期间,幼儿不得脱离家长监管范围。一旦发生事故,家长听从教师安排,不擅自行动。

门卫:不得脱岗,无关人员不得入园。

三、出现突发事件的处理流程及办法

1. 班主任按要求有序疏散人群,及时上报本班情况。
2. 副组长统计事件情况,及时向园领导报告。
3. 若现场有受伤人员,及时将其送到急救中心或拨打120。
4. 园长为事件报告第一人,负责向上级汇报。
5. 查明事故原因,追究相关责任人。

××××年××月××日

我们的新年

主题背景

元旦是新一年的开端，周围的环境因为这个节日的到来发生了变化。对于孩子们来说，今年的新年又有所不同，他们要在幼儿园这个新家中，第一次和教师、小伙伴们一起迎接新年的到来，这应该是让孩子体验集体生活乐趣、增加他们彼此之间情感的好机会。

在主题活动“我们的新年”中，我们将充分利用自然资源，让孩子们了解自己长大一岁，关注自己的成长变化，感受新年热闹、喜庆的氛围，增强幼儿对家人的情感，萌发幼儿对家乡的热爱，建立小主人意识。

主题目标

1. 知道自己长大一岁，能感受新年的快乐。
2. 在集体活动中学会文明礼仪习惯。
3. 能大胆地与同伴、亲人说出简单的祝福语。
4. 能用简单的线条和色彩大致画出自己想画的人或事物。
5. 帮助幼儿养成良好的个人卫生习惯。
6. 体验和发现生活中很多地方都用到数。
7. 能用自己的方式表达新年的祝福。

主题网络图

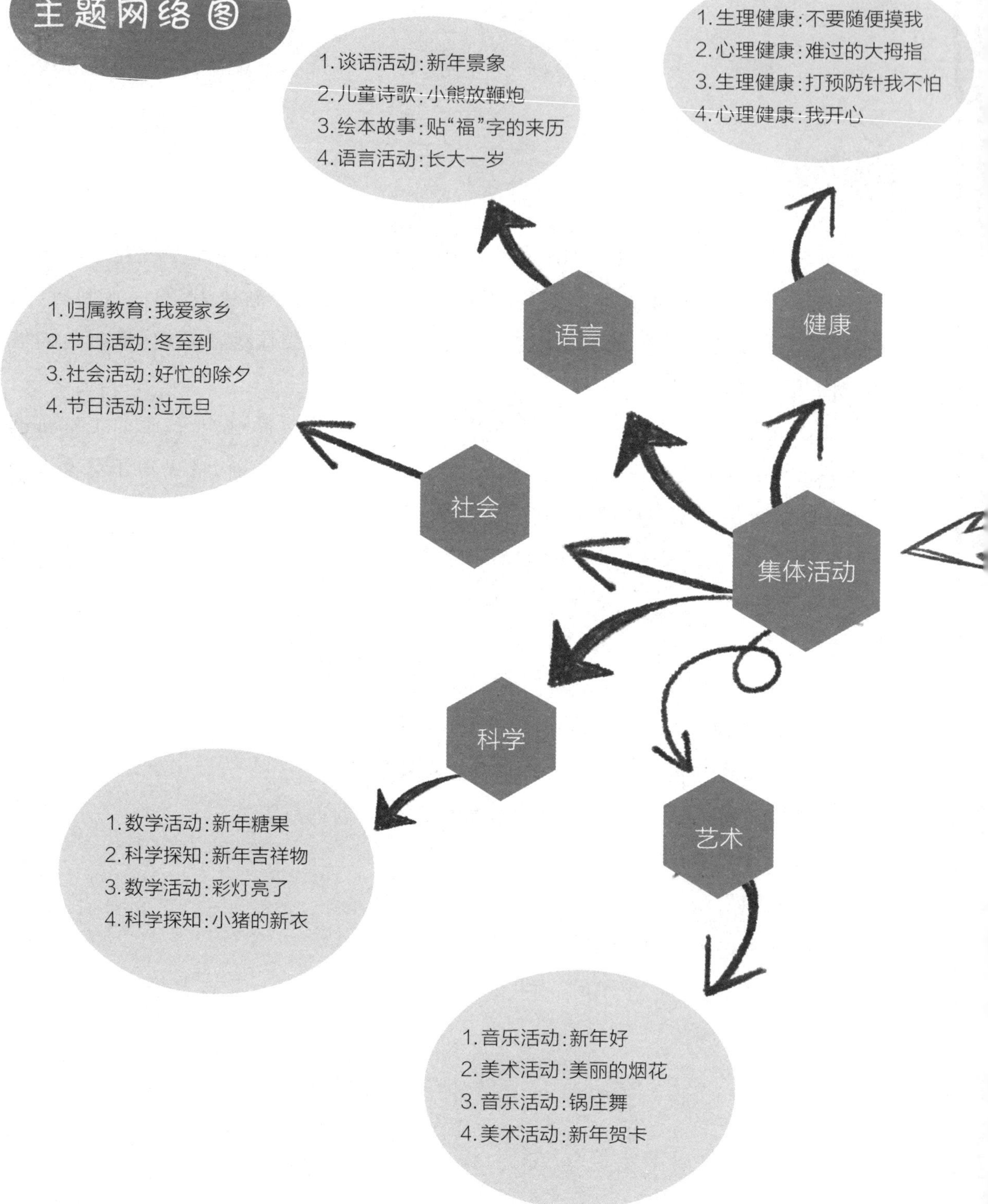
集体活动
语言
1. 谈话活动:新年景象
2. 儿童诗歌:小熊放鞭炮
3. 绘本故事:贴“福”字的来历
4. 语言活动:长大一岁
健康
1. 生理健康:不要随便摸我
2. 心理健康:难过的大拇指
3. 生理健康:打预防针我不怕
4. 心理健康:我开心
社会
1. 归属教育:我爱家乡
2. 节日活动:冬至到
3. 社会活动:好忙的除夕
4. 节日活动:过元旦
科学
1. 数学活动:新年糖果
2. 科学探知:新年吉祥物
3. 数学活动:彩灯亮了
4. 科学探知:小猪的新衣
艺术
1. 音乐活动:新年好
2. 美术活动:美丽的烟花
3. 音乐活动:锅庄舞
4. 美术活动:新年贺卡

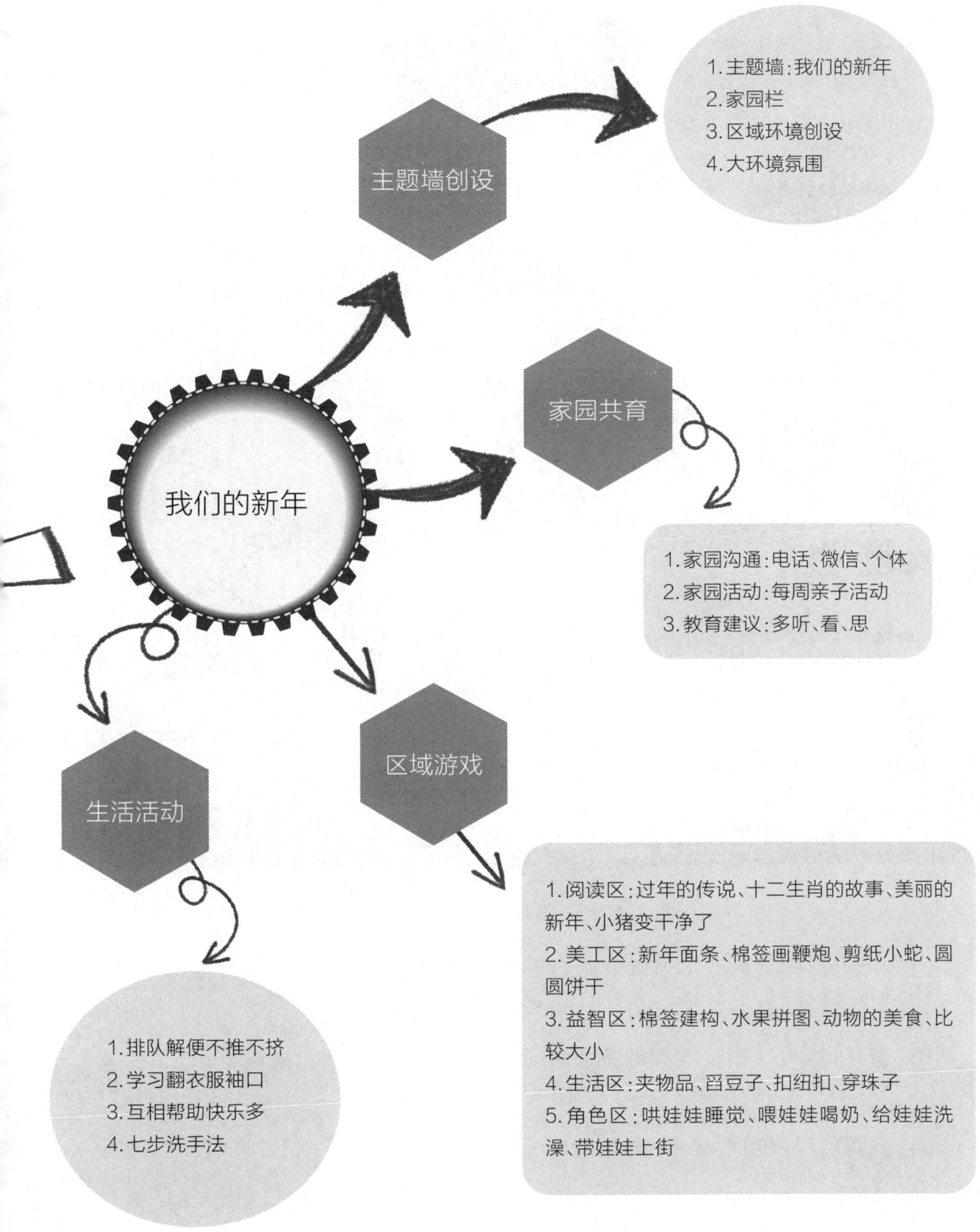
我们的新年
主题墙创设
1.主题墙:我们的新年
2.家园栏
3.区域环境创设
4.大环境氛围
家园共育
1.家园沟通:电话、微信、个体
2.家园活动:每周亲子活动
3.教育建议:多听、看、思
区域游戏
1.阅读区:过年的传说、十二生肖的故事、美丽的新年、小猪变干净了
2.美工区:新年面条、棉签画鞭炮、剪纸小蛇、圆圆饼干
3.益智区:棉签建构、水果拼图、动物的美食、比较大小
4.生活区:夹物品、舀豆子、扣纽扣、穿珠子
5.角色区:哄娃娃睡觉、喂娃娃喝奶、给娃娃洗澡、带娃娃上街
生活活动
1.排队解便不推不挤
2.学习翻衣服袖口
3.互相帮助快乐多
4.七步洗手法

图 2-1 主题网络图

环境创设建议

一、主题墙创设

1.创设主题墙“我们的新年”。根据课程的推进及时更换幼儿的作品。

2.主题墙设计建议：

图 2-2　主题墙设计建议

(1)心愿树：用彩色心形卡纸绘画心愿，挂在树上祈福。

(2)新年美食：张贴饺子、汤圆、猪肉、过新年的美食图片。

(3)新年习俗：用图文并茂的方式展示窗花、红包、贴对联、跳锅庄舞、穿礼服的图片。

(4)主题墙周围用大红色、黄色的蜡光纸制作鞭炮、灯笼；把春联张贴在边框两边。

二、家园栏

1. 卫生保健：冬季幼儿保健知识。
2. 教育在线：小班倾听能力的培养。
3. 教育教学：月和周计划表。
4. 温馨提示：本月所需物品温馨提示。
5. 亲子活动：亲子家园体验、共做元宵、饺子，增强对新年习俗的认知。

三、区域设计

1. 语言区：投放绘本《过年的传说》《贴"福"字的来历》《压岁钱的故事》《十二生肖的故事》等。
2. 美工区：提供各种颜色卡纸纸片、纸条、纸团，平口剪刀，胶水，棉签棒。
3. 益智区：为幼儿提供各类辅助材料搭建新年的趣事场景。
4. 表演区：提供纱巾、头饰、服装等供幼儿表演。
5. 生活区：提供红色珠子供幼儿练习穿的动作。

四、新年大环境氛围营造

1. 幼儿在美工区制作的灯笼，可粘贴在班级窗户上，营造喜庆氛围。
2. 幼儿制作的"彩灯亮了"卡片，可用彩带连起，错落地系在教室里作为装饰。
3. 幼儿自制雪花张贴在教室窗户上，营造冬天雪景。
4. 在走廊和教室内点缀一些气球，悬挂红灯笼，墙上贴上红色的贺卡和红包。

工作计划表

月教学工作计划表

主题名称	我们的新年	
主题目标	1.感受新年的环境氛围和活动仪式感,喜欢在集体生活中参与迎新活动。 2.了解国家和本民族的新年习俗,感知中国文化。 3.知道自己长大一岁,愿意在集体面前表达与表现。	
环境创设	1.创设主题墙“我们的新年”。 2.展示家园联系栏。 3.更新区域设计。 4.营造新年节日氛围。	
家园共育	1.家园共育。 (1)家庭读绘本:《过年的传说》《贴“福”字的来历》。 (2)亲子活动:包汤圆。 (3)亲子活动:包饺子。 (4)礼仪教育:过年祝福语“新年好”“新年快乐”。 2.教育建议。 (1)请家长带幼儿共同进行新年的家庭环境打造。 (2)在家庭中多和幼儿交流幼儿园活动,肯定幼儿的在园生活。	
安全教育	1. 自我保护:引导幼儿不玩火。 2. 生活安全:不把异物放入鼻子、耳朵、嘴巴。	
集体活动	活动名称	活动准备
	健康领域: 1.生理健康:不要随便摸我 2.心理健康:难过的大拇指 3.生理健康:打预防针我不怕 4.心理健康:我开心	1.《不要随便摸我》PPT,男孩、女孩身体图片。 2.指偶两个、高兴和痛苦表情图各一个。 3.绘本《打预防针,我不怕》PPT、小猪手偶。 4.音乐《你笑起来真好看》、故事《赶走不开心》,开心、生气、难过卡片。
	语言领域: 1.谈话活动:新年景象 2.儿童诗歌:小熊放鞭炮 3.绘本故事:贴“福”字的来历 4.语言游戏:长大一岁	1.新年的各种美景图片,“新年到”背景图一张,“小朋友、新衣服、帽子、鞭炮、红包、新年好字体”图片各一张,红包人手一个,喜庆的音乐。 2.小熊放鞭炮的故事图、鞭炮声音乐伴随着哭声的录音,儿歌《小熊放鞭炮》,小熊手偶一个。 3.《贴“福”字的来历》PPT或音频,音乐《恭喜恭喜》。 4.儿歌《新年到》,幼儿知道自己的年龄,收集小朋友小时候在新年拍的照片、穿的衣物。
	社会领域: 1.归属教育:我爱家乡 2.节日活动:冬至到 3.社会活动:好忙的除夕 4.节日活动:过元旦	1.家乡美景PPT。实物:脐橙、莼菜、马铃薯、汤圆、香肠。 2.冬至来历PPT,汤圆、饺子图片。 3.饺子皮、盘子、饺子压磨器、绘本《好忙的除夕》。 4.教室环境布置:儿歌《新年好》,《元旦的来历》《新年好》串烧音乐,视频,教师们为全班幼儿写的新年祝福卡片。

续表

	科学领域： 1.数学活动：新年糖果 2.科学探知：新年吉祥物 3.数学活动：彩灯亮了 4.科学探知：小猪的新衣	1.糖若干、糖罐一个、盘子三个、贴有五个以内圆点的小袋若干。 2.十二种动物图案、《十二生肖的故事》PPT。 3.彩灯泡一串(红黄两种颜色)、ABABAB有色卡片一张、ABABAB无色卡若干、仙女棒。 4.不同颜色、面料、不同季节的衣服若干，冬天衣服PPT，时装表演音乐。
	艺术领域： 1.音乐活动：新年好 2.美术活动：美丽的烟花 3.音乐活动：锅庄舞 4.美术活动：新年贺卡	1.《新年好》歌曲、新年相关道具——玩具鞭炮、玩具灯笼等。 2.油画棒、纸人手一份，烟花PPT。 3.锅庄舞曲音频、视频、五十六个民族图片、火盆、地面圆圈标志线。 4.贺卡PPT、彩色卡纸、皱纹纸若干、泡沫纸、彩笔。
游戏活动	活动名称	活动准备
	区域游戏： 1.阅读区：过年的传说、十二生肖的故事、美丽的新年、小猪变干净了 2.美工区：新年面条、棉签画鞭炮、剪纸小蛇、圆圆饼干 3.益智区：棉签建构、水果拼图、动物的美食、比较大小 4.生活区：夹物品、舀豆子、扣纽扣、穿珠子 5.角色区：哄娃娃睡觉、喂娃娃喝奶、给娃娃洗澡、带娃娃上街	1.绘本《过年的传说》《十二生肖的故事》《美丽的新年》《小猪变干净了》。 2.彩纸、棉签、胶棒、油画棒、白纸、剪刀、小纸盘。 3.棉签，水果图片拼图，熊猫、小狗、小鸟、小鸡、花猫、小兔及与之匹配的美食，各种玩具大小图片若干。 4.太阳、毛虫、螃蟹、瓢虫图案，夹子、勺子、带纽扣的小衣服、鞋带或绳子、彩色小木珠各四套。 5.洋娃娃、小摇篮、音响、摇篮曲；洋娃娃、奶瓶、小毯子；洋娃娃、澡盆、毛巾、香皂；洋娃娃、小推车、小包包、小毯子、小玩具。
	户外游戏： 1.麻辣豆腐干 2.滚地雷 3.搬玉米 4.袋鼠跳 5.赶小猪 6.乌龟爬 7.熊和光头强 8.钻山洞(一) 9.钻山洞(二) 10.小兔和狼(一) 11.吹泡泡 12.卷鞭炮 13.卷鞭炮 14.小兔和狼(二) 15.小兔和狼(二) 16.鲤鱼跳龙门 17.狼来了 18.袋鼠跳 19.小螃蟹 20.风婆婆吹吹	1.红纸末、绿纸末、小油瓶、白纸末。 2.皮球四个、标志桶四个、小矿泉水瓶若干(每队按创意摆10个) 3.小玩具若干、篮子四个。 4.米口袋或袋鼠跳袋子若干、场地内放置许多蔬菜玩具。 5.PVC管若干、篮球四个。 6.小鼓一只、小乌龟头饰若干、闪电雷鸣声音、欢乐音乐。 7.足够的场地、熊头饰一个。 8.拱门、火车的音乐。 9.呼啦圈。 10.狼头饰一个、欢快的音乐、轰轰轰音效。 11.音乐、儿歌。 12.小竹竿一根、短绳一根、绳下拴用红纸做的鞭炮一串。 13.同12。 14.歌曲《小红帽》。 15.同14。 16.场地、小鲤鱼音乐。 17.纸球若干、大灰狼头饰、音乐。 18.袋鼠头饰、铃一个、各种动物标志4~5个挂在场地四周。 19.皮球若干。 20.风婆婆头饰一个。
生活活动	1.提醒幼儿准确找到自己的水杯。 2.提醒孩子饭前使用肥皂洗手。 3.不在厕所打闹，喝水时不接太多，节约水资源。	
建议	1.结合当月时令、节日等开展活动。 2.开展亲子活动包汤圆、包饺子。 3.冬季是传染病的高发季节，引导幼儿做好卫生防护工作。	

第一周教学工作计划表

本周工作重点		1.让幼儿知道自己长大一岁,能感受新年的快乐。 2.帮助幼儿在集体活动中养成文明礼仪习惯。				
本周生活活动重点		1.排队时不推不挤,学习等待。 2.学习把衣服的袖口翻出来。				
	内容	星期一	星期二	星期三	星期四	星期五
上午	集体活动	艺术 新年好	社会 我爱家乡	科学 小猪的新衣	健康 不要随便摸我	语言 贴“福”字的来历
	游戏活动	美工区 新年面条	阅读区 过年的传说	益智区 棉签建构	角色区 哄娃娃睡觉	生活区 夹物品
下午	游戏活动	麻辣豆腐干	滚地雷	搬玉米	袋鼠跳	赶小猪
备注	儿歌:《新年好》。 新年好呀！新年好呀！祝贺大家新年好！ 我们唱歌,我们跳舞,祝贺大家新年好！					

幼儿园班级日教学工作计划表

班级：　　　　　第一周　　　　　星期一　　　　　教师：

时间	环节、内容及指导要点
8:30—9:00	晨检：重点检查幼儿衣裤里是否有异物。 晨间活动：自主游戏“水管玩具”。
9:00—10:00	户外活动： 1.沙包投掷：幼儿每人手握一个沙包，向小桶投掷，投中小桶的幼儿获得一个沙包作为奖励，继续投掷游戏。 2.集体早操：幼儿跟随教师做早操，教师提醒出汗的幼儿把拉链拉开。 3.自由游戏：幼儿自主选择场地、器械进行活动。 4.整理活动：把器械送回家，有序排队回教室。
10:00—10:20	生活活动：分组排队如厕、喝水。
10:20—10:40	集体活动：歌曲《新年好》。 主要领域：艺术。 活动目标： 1.感受新年快乐的氛围。 2.幼儿能跟随音乐进行律动活动。 活动准备： 1.音乐《新年好》。 2.新年相关道具，如玩具鞭炮、玩具灯笼等。 活动过程： 1.引入主题。 教师出示一个红包问：小朋友们，这是什么？我们什么时候才可以得到很多呢？对，过新年的时候，那我们来听听这首歌吧！ 2.学习歌曲。 (1)师播放歌曲，幼儿欣赏或学唱。 (2)师第二遍播放歌曲，引导幼儿说出歌词。 (3)师第三遍播放歌曲，引导幼儿说出新年除了相互问候还有什么？ (4)引导幼儿根据歌词和节奏边唱歌边做动作。 3.分组表演。 幼儿分组进行歌曲表演，适时加入互动。 (本教案由宜宾市市级机关幼儿园练斯琴提供)
10:40—11:20	区域活动：美工区“新年面条”。 区域目标：学习用剪刀剪直线。 指导策略：指导幼儿用剪刀沿直线剪。
11:20—11:45	生活活动：排队解便不推不挤。 餐前活动：表演儿歌《手指谣》。
11:45—12:15	午餐：引导幼儿安静进餐，不挑食、不偏食。
12:15—12:30	餐后活动：散步。

续表

时间	环节、内容及指导要点
12:30—14:30	午睡:引导幼儿安静午睡,不带玩具到床上。
14:30—15:00	起床整理:与同伴相互帮助穿衣、裤,如厕。
15:00—15:20	点心:自主取点心,餐后将点心盘放回家。
15:20—16:00	户外活动:麻辣豆腐干。 游戏目标:能够四散跑,培养敏锐力,听音迅速找家。 游戏准备:红纸末、绿纸末、小油瓶、白纸末(辣椒、香葱、油、盐)。 游戏玩法:师在前,背对幼儿,幼儿边往师走边齐声喊:麻——辣——豆——腐——干。师转身,幼儿不动。师背对幼儿后,继续开始边走边喊。三轮后,当师说:吃豆腐干了。幼儿全部跑回之前指定的区域,没有回家的幼儿,或被逮住的幼儿做“豆腐干”,厨师(教师)在“豆腐干”上加盐、油、辣椒、香葱,用手做刀切块后,大喊“一二三,接住”。所有幼儿嗷叫,厨师扔一块,幼儿嗷叫一声,直到豆腐干被吃完为止。此游戏可重复多次玩。
16:00—16:10	离园整理:背书包,整理衣、裤。
反思及调整	

幼儿园班级日教学工作计划表

班级：　　　　第一周　　　　星期二　　　　教师：

时间	环节、内容及指导要点
8:30—9:00	晨间检查：检查幼儿指甲是否过长。 晨间活动：自主游戏“撕纸”。
9:00—10:00	户外活动： 1.大风和树叶：一名幼儿当大风婆婆，其余幼儿当树叶，当大风来了，树叶做掉下来的动作。 2.集体早操：幼儿跟随教师做早操，教师提醒出汗的幼儿把拉链拉开。 3.自由游戏：幼儿自主选择场地、器械进行活动。 4.整理活动：把器械送回家，有序排队准备回教室。
10:00—10:20	生活活动：分组排队如厕、喝水。
10:20—10:40	集体活动：我爱家乡。 主要领域：社会。 活动目标： 1.认识并了解家乡的特色小吃。 2.初步具有热爱家乡的情感。 活动准备： 1.家乡美景PPT。 2.实物：脐橙、莼菜、马铃薯、汤圆、香肠。 活动过程： 1.引入主题。 (1)师：小朋友们，你们都吃过哪些好吃的？幼儿自由回答，教师进行回应和引导。 (2)师：哇，小朋友们刚刚都分享了吃过的美食，看来你们都是小小美食家。 2.出示实物。 (1)小朋友们，今天老师也给你们带来了一些美食，你们一起来看看吧(逐一出示脐橙、莼菜、马铃薯、汤圆、香肠，请幼儿说说)。 (2)这些好吃的分别是：脐橙、莼菜、马铃薯、汤圆、香肠。它们都是我们家乡的特产。我们家乡除了有这么多的美食，还是一座历史文化名城。接下来我们一起来看更多的小吃。 3.播放PPT，认识特色小吃并品尝。 (1)播放PPT，逐一讲解特色小吃。 (2)分组品尝以上五种小吃。 4.延伸活动。 (1)制作家乡美食展板，增强幼儿对家乡的热爱。 (2)鼓励幼儿回家与父母共同聊聊家乡的美食。 (本教案由宜宾市市级机关幼儿园练斯琴提供)
10:40—11:20	区域活动：阅读区“过年的传说”。 区域目标：通过绘本了解中国春节的习俗，如：贴春联、吃汤圆。 指导策略：通过共读绘本，感受浓浓的亲情，了解春节的习俗。
11:20—11:45	生活活动：排队洗手不推不挤。 餐前活动：手指游戏“小豆芽”。 小豆芽钻泥巴，钻一下动一下，钻呀钻呀钻呀钻， 开花花结瓜瓜，啊呜一口吃掉它。

续表

11:45—12:15	午餐:引导幼儿安静就餐,不挑食、不偏食。
12:15—12:30	餐后活动:绘画“五彩的糖果”。
12:30—14:30	午睡:安静午睡,不将头、手伸出被子。
14:30—15:00	起床整理:相互帮助穿衣、裤,如厕。
15:00—15:20	点心:自主取点心,餐后将点心盘放回家。
15:20—16:00	户外活动:滚地雷。 游戏目标:发展手部力量。 游戏准备:皮球四个,标志桶四个,小矿泉水瓶若干(每队按创意摆十个)。 游戏玩法:幼儿按人数平均分成四组排队站好,教师的哨声一响,幼儿抱球跑向标志桶,用皮球当地雷滚过去打矿泉水瓶,每人只能打一次,打过的幼儿将小球捡起来交给第二位幼儿,以此类推,以小组用地雷打小瓶最多的为胜。
16:00—16:10	离园整理:背书包、整理衣物。
反思及调整	

幼儿园班级日教学工作计划表

班级：　　　　第一周　　　　星期三　　　　教师：

时间	环节、内容及指导要点
8:30—9:00	晨检。 晨间活动：自主游戏“彩泥”。
9:00—10:00	户外活动： 1.大型玩具滑滑梯：幼儿自选择滑滑梯，教师提醒幼儿注意安全。 2.集体早操：幼儿跟随教师做早操，教师提醒出汗的幼儿把拉链拉开。 3.自由游戏：幼儿自主选择场地、器械进行活动。 4.整理活动：把器械送回家，有序排队回教室。
10:00—10:20	生活活动：分组排队如厕、喝水。
10:20—10:40	集体活动：小猪的新衣。 主要领域：科学。 活动目标： 1.发现冬天衣服的特征，尝试用语言描述重、轻、光滑、粗糙。 2.体验同伴间相互自由看、摸、玩的探索兴趣。 活动准备： 1.若干不同颜色、面料，不同季节的衣服。 2.冬天衣服 PPT。 3.时装表演音乐。 活动过程： 1.引入主题。 师：小朋友们，现在是什么季节？要穿什么衣服？ 师：对，现在是冬天。 2.观看 PPT，引出保暖。 师：小猪有很多衣服，你们来猜猜哪件是它的新衣？ 刚才我们看到的图片里面有没有小猪的新衣？为什么？ 3.体验触觉(轻—重)。 (1)幼儿自由触摸各类衣服。 (2)引导幼儿讨论为什么冬天的衣服和夏天不一样。 小结：冬天有毛衣、棉衣、羽绒服、大衣；有的长，有的短；有的有毛领子，有的没有领子，冬天的衣服有的重、有的轻。 4.时装表演秀：幼儿和同伴交换外套，在音乐中进行时装表演。 (本教案由宜宾市市级机关幼儿园练斯琴提供)
10:40—11:20	区域活动：益智区“棉签建构”。 区域目标：能用多种工具和材料表达自己的感受和想法。 指导策略：指导幼儿用棉签和彩泥自由搭建图形或物品。
11:20—11:45	生活活动：学习翻衣服袖口。 餐前活动：切西瓜。
11:45—12:15	午餐：引导幼儿安静就餐，不挑食、不偏食。

续表

时间	环节、内容及指导要点
12:15—12:30	餐后活动:散步。上下楼梯不推不挤,慢慢走。
12:30—14:30	午睡:引导幼儿安静午睡,提醒女生提前把发夹取下来。
14:30—15:00	起床整理:互助穿衣。
15:00—15:20	点心:自主取点心,餐后将点心盘放回家。
15:20—16:00	户外活动:搬玉米。 游戏目标:发展在奔跑中手眼协调的能力。 游戏准备:玉米(玩具)若干、篮子四个。 游戏玩法:幼儿按人数平均分成四组排队站好,教师的哨声一响,幼儿跑向对面,用手拿起一个玩具跑回起点,将玩具放入篮子里,先搬完的组为胜。(一个幼儿一次只取一个玩具,多取犯规)
16:00—16:10	离园整理:背书包、整理衣物。
反思及调整	

幼儿园班级日教学工作计划表

班级：　　　　第一周　　　　星期四　　　　教师：

时间	环节、内容及指导要点
8:30—9:00	晨检。 晨间活动:绘画。
9:00—10:00	户外活动: 1.太阳和雪花。(一名幼儿当太阳,其余幼儿当雪花。小雪花全部挤在一块儿,太阳公公出来了,把小雪花晒化了,小雪花四散跑走,回到河里) 2.集体早操:幼儿跟随教师做早操,教师提醒出汗的幼儿把拉链拉开。 3.自由游戏:幼儿自主选择场地、器械进行活动。 4.整理活动:把器械送回家,有序排队准备回教室。
10:00—10:20	生活活动:分组排队如厕、喝水。
10:20—10:40	集体活动:不要随便摸我。 主要领域:健康。 活动目标: 1.知道要保护自己的隐私部位。 2.了解自我保护的知识,增加安全意识。 活动准备:《不要随便摸我》PPT,小男孩、小女孩的身体图片各一张。 活动过程: 1.故事导入。 教师摸小男孩身体图片的小屁屁,摸小女孩身体图片的小屁屁。 问:当小朋友们遇到这种情况时,怎么办呢? 师:老师给你们带来一个故事,我们一起来听听吧。 2.观看PPT感知故事内容。 幼儿观看PPT,教师讲故事。 通过故事,引导幼儿要学会拒绝别人,保护自己,同时要学会倾诉。 3.学会保护自己。 举例说明,在什么情况下别人可以触摸自己的隐私部位,除特殊情况外,我们都要拒绝,保护自己!再次强调:拒绝别人,保护自己。 小结:通过本次安全教育活动,知道要保护自己的隐私部位,不让他人随意触碰自己的身体,了解自我保护的知识,提防陌生人,增加安全意识。 (本教案由宜宾市市级机关幼儿园练斯琴提供)
10:40—11:20	区域活动:哄娃娃睡觉。 区域目标:体验母亲的辛苦,懂得爱妈妈,爱家人。 指导策略:引导幼儿学习双手抱娃娃的方法,懂得轻轻说话。
11:20—11:45	生活活动:学习翻衣服袖口。 餐前活动:手指游戏。
11:45—12:15	午餐:引导幼儿安静进餐,不挑食、不偏食。
12:15—12:30	餐后活动:剪纸,引导幼儿剪直线。
12:30—14:30	午睡:安静午睡,能将衣裤叠好放在床尾。
14:30—15:00	起床整理:与同伴相互帮助穿衣、裤,分组排队如厕、喝水。

续表

时间	环节、内容及指导要点
15:00—15:20	点心:自主取点心,餐后将点心盘放回家。
15:20—16:00	户外活动:袋鼠跳。 游戏目标:锻炼跳跃的能力。 游戏准备:米口袋或袋鼠跳袋子若干,场地内放置许多蔬菜玩具。 游戏玩法:幼儿人手一个米口袋装扮成小袋鼠,师装扮成熊。哨声响起,小袋鼠们把脚伸入口袋,跳进草地上开始采蔬菜。熊也出来找食物,小袋鼠们看见熊后,立马将采到的蔬菜带回家。游戏可重复玩三次以上,交换角色。
16:00—16:10	离园整理:背书包、整理衣物。
反思及调整	

幼儿园班级日教学工作计划表

班级：　　　　　　　第一周　　　　　　　星期五　　　　　　　教师：

时间	环节、内容及指导要点
8:30—9:00	晨检：检查幼儿衣服包里是否带危险品。 晨间活动：自主游戏“桌面玩具”。
9:00—10:00	户外活动： 1.贴烧饼：幼儿扮演烧饼围成一个圆圈。一人做贴烧饼的人，一人去追贴烧饼的人。 2.集体早操：幼儿跟随教师做早操，教师提醒出汗的幼儿把拉链拉开。 3.自由游戏：幼儿自主选择场地、器械进行活动。 4.整理活动：把器械送回家，有序排队准备回教室。
10:00—10:20	生活活动：分组排队如厕、喝水。
10:20—10:40	集体活动：贴“福”字的来历。 主要领域：语言。 活动目标： 1.倾听故事，了解有关福字的传说。 2理解故事内容，通过游戏加深对故事的理解。 活动准备：《贴“福”字的来历》故事PPT或音频，音乐《恭喜恭喜》，年兽的图片。 活动过程： 1.观察图片、导入活动。 出示福字的图片，请幼儿观察。 提出问题：这是什么？请幼儿说出自己的感受。 2.看PPT，理解故事。 看PPT“贴‘福’字的来历”。 提出问题：故事里有个怪兽叫什么名字？它最怕什么？人们想出什么办法把它赶走？过年时亲人朋友之间要相互做什么？拜年时要做什么动作？拜年时要说些什么？ 3.音乐游戏“贴福字”。 幼儿随音乐舞蹈，做贴福字舞蹈动作。 （本教案由宜宾市市级机关幼儿园练斯琴提供）
10:40—11:20	区域活动：夹物品。 区域目标：能用镊子夹起物品。 指导策略：指导幼儿练习用右手食指、拇指、中指协调进行夹的动作。
11:20—11:45	生活活动：互相帮助快乐多。 餐前活动：表演儿歌《玩具玩具我爱你》。
11:45—12:15	午餐：引导幼儿安静地吃午餐，不挑食、不偏食。
12:15—12:30	餐后活动：欣赏音乐。
12:30—14:30	午睡：引导幼儿安静午睡，能将衣裤叠好放在床尾。
14:30—15:00	起床整理：与同伴相互帮助穿衣、裤，分组排队如厕、喝水。
15:00—15:20	点心：自主取点心，餐后将点心盘放回家。
15:20—16:00	户外活动：赶小猪。 游戏目标：锻炼手眼协调能力，运用小棒运球。 游戏准备：PVC管若干、篮球四个。 游戏玩法：幼儿站成四组，篮球当小猪，幼儿手拿PVC管在小猪身上往前推，小棒不能空赶，小猪不能离开小棒，直到先用小棒把小猪赶回家为胜。
16:00—16:10	离园整理：背书包，整理衣、裤。
反思及调整	

第二周教学工作计划表

本周工作重点		1.引导幼儿大胆地与同伴、亲人说出简单的祝福语。 2.引导幼儿用简单的线条和色彩大致画出自己想画的人或事物。				
本周生活活动重点		1.在成人的提醒下,养成饭前便后洗手的良好习惯。 2.学习七步洗手法,把小手洗干净,学习节约用水。				
	内容	星期一	星期二	星期三	星期四	星期五
上午	集体活动	社会 冬至到	艺术 美丽的烟花	科学 新年糖果	健康 难过的大拇指	语言 新年景象
	游戏活动	生活区 舀豆子	益智区 水果拼图	美工区 棉签画鞭炮	角色区 喂娃娃喝奶	阅读区 小猪变干净了
下午	游戏活动	乌龟爬	熊和光头强	钻山洞(一)	钻山洞(二)	小兔与狼(一)
备注	儿歌:《冬至到》。 一九二九不出手,二九四九冰上走, 五九六九沿河看柳,七九花开八九燕来, 九九加一九,耕牛遍地走。					

幼儿园班级日教学工作计划表

班级：　　　　　　第二周　　　　　　星期一　　　　　　教师：

时间	环节、内容及指导要点
8:30—9:00	晨检：测量体温，检查幼儿面部是否有伤痕。 晨间活动：自主游戏“桌面玩具”。
9:00—10:00	户外活动： 1.花猫捉老鼠：一名幼儿扮花猫，其余幼儿当老鼠，当花猫出来，喵喵喵叫，老鼠吱吱吱叫着跑回家。 2.集体早操：幼儿跟随教师做早操，教师帮助出汗的幼儿垫隔汗巾。 3.自由游戏：幼儿自主选择场地、器械进行活动。 4.整理活动：把器械送回家，有序排队回教室。
10:00—10:20	生活活动：分组排队如厕、喝水。
10:20—10:40	集体活动：冬至到。 主要领域：社会。 活动目标： 1.认识我国传统的冬至节，知道冬至的由来。 2.知道冬至过后，白天变短、夜晚变长。 活动准备：冬至来历PPT、汤圆和饺子图片、儿歌《冬至到》。 活动过程： 1.观看冬至PPT。 通过PPT，了解冬至的来历。 2.了解冬至习俗。 知道冬至过后白天变短了，夜晚变长了，了解冬至要吃汤圆，包饺子寓意着团圆。 游戏：冬至来了。 一位幼儿当黑云，当所有幼儿念到冬至到时，扮演黑云的幼儿出来，所有幼儿保持不动，谁动就会被黑云带走。游戏重复玩。 3.延伸活动。 幼儿在家与父母共同包汤圆、包饺子，感受浓浓的冬至氛围。 （本教案由宜宾市市级机关幼儿园练斯琴提供）
10:40—11:20	区域活动：舀豆子。 区域目标：练习精细动作，发展手眼协调能力。 指导策略：引导幼儿能用拇指、食指、中指握住勺子，将豆子舀入另一碗里。
11:20—11:45	生活活动：七步洗手法。 餐前活动：手指游戏“土豆土豆”。
11:45—12:15	午餐：引导幼儿安静进餐，不挑食、不偏食。
12:15—12:30	餐后活动：散步。
12:30—14:30	午睡：引导幼儿安静午睡，能将衣裤放在床尾。
14:30—15:00	起床整理：排队如厕、喝水，学习挽袖、开细水洗手。
15:00—15:20	点心：自主取点心，餐后将点心盘放回家。
15:20—16:00	户外活动：乌龟爬。 游戏目标： 1.听信号手膝着地爬行，增强四肢肌肉力量。 2.发展动作协调性、灵活性。 游戏准备：小鼓一只、小乌龟头饰若干、闪电雷鸣声音、欢乐音乐。 游戏玩法：所有幼儿扮演小乌龟，游戏开始，小乌龟听到鼓声“咚咚咚”往前爬，听到鼓声“嗒嗒嗒”倒退爬，听到鼓声“咚哒咚哒咚哒”就转圈，听到闪电雷鸣声保持原地不动，听到欢快音乐就快乐地跳舞，游戏结束。
16:00—16:10	离园整理：背书包，整理衣裤。
反思及调整	

幼儿园班级日教学工作计划表

班级：　　第二周　　星期二　　教师：

时间	环节、内容及指导要点
8:30—9:00	晨检:检查幼儿面部是否有伤痕。 晨间活动:自主游戏“撕纸”。
9:00—10:00	户外活动: 1.小兔找家:小兔到草地采蘑菇,突然天空下起了大雨,小兔急忙跳回自己的家。 2.集体锻炼:幼儿跟随教师做早操,教师帮助出汗的幼儿垫隔汗巾。 3.自由游戏:幼儿自主选择场地、器械进行活动。 4.整理活动:把器械送回家,有序回教室。
10:00—10:20	生活活动:分组排队如厕、喝水。
10:20—10:40	集体活动:美丽的烟花。 主要领域:艺术。 活动目标: 1.用彩色的点、线、圈,由中心向外画放射性线条,表现烟花喷射出的火焰。 2.通过观看PPT,了解画烟花的基本方法,学习从左向右有序地平涂。 活动准备:油画棒、纸人手一份,烟花PPT。 活动过程: 1.谜语导入,引起幼儿兴趣。 教师:说它是花不是花,用火点燃它才开,请你猜猜这是什么? 2.欣赏PPT的烟花,初步了解烟花的基本形状。 教师:你看到了什么? 教师:烟花是什么样子的?什么颜色的?你见过什么样子的烟花? 3.幼儿作画,教师巡回指导。 幼儿学习从中心向外画放射性的线条。 4.作品分享交流。 幼儿围坐成圆圈,拿出绘画作品与同伴分享交流。 (本教案由宜宾市市级机关幼儿园练斯琴提供)
10:40—11:20	区域活动:益智区“水果拼图”。 区域目标:发展敏锐的观察力。 指导策略:引导幼儿将水果缺失部分拼接完整。
11:20—11:45	生活活动:七步洗手法。 餐前活动:手指游戏“小白上楼梯”。 小白小白上楼梯,一二一二一二一,打开电视机,拉出小天线,电视不好看,关掉电视机,肚子饿叽叽,来吃大炸鸡,鸡腿呀鸡腿,鸡翅呀鸡翅,可乐呀可乐,肚子吃饱了。
11:45—12:15	午餐:安静进餐,引导幼儿不挑食、不偏食。
12:15—12:30	餐后散步。
12:30—14:30	午睡:引导幼儿安静午睡,能将衣裤叠好放在床尾。
14:30—15:00	起床整理:排队如厕、喝水,学习挽袖、开细水洗手。
15:00—15:20	点心:自主取点心,餐后将点心盘放回家。

续表

时间	环节、内容及指导要点
15:20—16:00	户外活动:熊和小动物。 游戏目标: 1.练习前脚掌走。 2.遵守游戏规则,体验游戏的快乐。 游戏准备:足够的场地、熊头饰一个。 游戏玩法: 一名幼儿扮演熊,站在熊的家里,其余幼儿扮演小动物。游戏开始,小动物逆时针行走,当听到声音"熊来了",就立马不动。熊到处闻闻,看看,寻找小动物,当听到"熊回家了",小动物就用前脚掌走回家。当听到"天黑了,熊回家睡觉了",游戏结束。
16:00—16:10	离园整理:整理书包、衣、裤。
反思及调整	

幼儿园班级日教学工作计划表

班级：　　　　第二周　　　　星期三　　　　教师：

时间	环节、内容及指导要点
8:30—9:00	晨检:检查幼儿面部是否有伤痕。 晨间活动:自主游戏“彩泥”。
9:00—10:00	户外活动: 1.炒豆豆:两人相对而立,手牵手,边念儿歌,边有节奏地向左右协调摆手。儿歌念到最后一句时,两人举起一侧的手臂来共同钻过并翻转身体180度,还原姿势。 2.集体早操:幼儿跟随教师做早操,教师帮助出汗的幼儿垫隔汗巾。 3.自由游戏:幼儿自主选择场地、器械进行活动。 4.整理活动:把器械送回家,有序排队准备回教室。
10:00—10:20	生活活动:分组排队如厕、喝水。
10:20—10:40	集体活动:新年糖果。 主要领域:科学。 活动目标: 1.结合生活经验,感知五以内的数量,提高点数、匹配的能力。 2.体验得到礼物的快乐。 活动准备:糖若干、糖罐一个、盘子三个、贴有五个以内圆点的小袋若干。 活动过程: 1.猜一猜,导入活动。 宝宝们,快要过新年了,今天老师带来了礼物送给你们,你们猜猜是什么? 小结:糖果有许多种,有软糖、硬糖,有不同形状、不同大小、不同颜色的糖。 2.夹糖游戏。 (1)食指、中指变变变,变成一个大夹子,夹糖果。 (2)师:老师准备了许多小袋子,这些小袋子上面可都有秘密哦。(教师示范:先数数袋子上有几个圆点,然后用大夹子往口袋里装和圆点一样多的糖,出示贴有五个以内圆点的纸袋,请幼儿把糖装入相对应的袋子里,提高幼儿匹配能力) 3.送甜蜜。 将自己包的糖果送给最爱的人。 (本教案由宜宾市市级机关幼儿园练斯琴提供)
10:40—11:20	区域活动:美工区“棉签画鞭炮”。 区域目标:激发对绘画的兴趣。 指导策略:引导幼儿用棉签画短线、长线
11:20—11:45	生活活动:七步洗手法。 餐前活动:表演儿歌《小巧手》。
11:45—12:15	午餐:引导幼儿安静进餐,不挑食、不偏食。
12:15—12:30	餐后活动:散步。
12:30—14:30	午睡:引导幼儿安静午睡,能将衣裤叠好放在床尾。
14:30—15:00	起床整理:排队如厕、喝水,学习挽袖、开细水洗手。
15:00—15:20	点心:自主取点心,餐后将点心盘放回家。

续表

时间	环节、内容及指导要点
15:20—16:00	户外活动:钻山洞(一)。 游戏目标:初步懂得轮流的含义,学会一个跟一个走。 游戏准备:拱门,火车的音乐。 游戏玩法:教师扮演火车头带领幼儿开火车,后面幼儿拉着前面幼儿的衣服往前走,待听到“火车到站了”的口令后,即可自由走动。火车的音乐继续响起,每人要迅速找到自己的位置,继续往前走。
16:00—16:10	离园整理:背书包、整理衣裤。
反思及调整	

幼儿园班级日教学工作计划表

班级:　　　　第二周　　　　星期四　　　　教师:

时间	环节、内容及指导要点
8:30—9:00	晨检:检查幼儿面部是否有伤痕。 晨间活动:自主游戏“绘画”。
9:00—10:00	户外活动: 1.跳格子:幼儿听口令从原地跳入指定的连续格子,看见两个格子就双脚跳格子,看见一个格子就单脚跳格子。 2.集体早操:幼儿跟随教师做早操,教师帮助出汗的幼儿垫隔汗巾。 3.自由游戏:幼儿自主选择场地、器械进行活动。 4.整理活动:把器械送回家,有序排队准备回教室。
10:00—10:20	生活活动:分组排队如厕、喝水。
10:20—10:40	集体活动:难过的大拇指。 主要领域:健康。 活动目标: 1.知道吮吸手指是一种坏习惯,会影响身体健康。 2.有吮吸手指习惯的幼儿逐步改变这种习惯。 3.细致观察画面,激发想象力。 活动准备:两个指偶,高兴和痛苦的表情各一个。 活动过程: 1.出示痛苦的表情指偶,激发幼儿兴趣。 我叫大拇指,本来是和其他的手指一样长得直直的,又有劲又漂亮,但是我的小主人豪豪天天把我放在嘴里吮吸,我好难受!慢慢地,我变得很难看,做事也不方便了,小朋友,你们来帮帮我吧。 2.大拇指的作用。 提问:大拇指怎么了?(不高兴)为什么?(它难看,做事不方便) 手指有什么作用?(拿筷子,拿笔,穿鞋子,穿衣服,做许多事情) 3.保护大拇指。 当自己想把手指放进嘴里或看到其他小朋友吮吸手指时应该怎么办?(立刻放下或劝其他小朋友不能吮吸手指) 小结:小朋友真能干,帮助了这个痛苦的大拇指,告诉它的主人要讲卫生,爱护自己的手指。豪豪在你们的帮助下,他再也不吮吸手指了。 4.大拇指复活啦。 出示高兴的指偶:谢谢你们帮助了我,现在我的小主人再也没有吮吸我了,我变得又有劲又健康了。 5.师幼共同表演洗手儿歌,结束活动。 (本教案由宜宾市市级机关幼儿园练斯琴提供)
10:40—11:20	区域活动:角色区“喂娃娃喝奶”。 区域目标:有关心、体贴的表现。 指导策略:帮助幼儿掌握冲牛奶的方法,会用奶瓶喂娃娃喝奶。
11:20—11:45	生活活动:七步洗手法。 餐前活动:欣赏音乐。
11:45—12:15	生活活动:学习开细水洗手。 午餐:安静进餐,引导幼儿不挑食、不偏食。

续表

时间	环节、内容及指导要点
12:15—12:30	餐后活动:散步。
12:30—14:30	午睡:引导幼儿安静午睡,能将衣裤叠好放在床尾。
14:30—15:00	起床整理: 1.排队如厕、喝水。 2.学习挽袖、开细水洗手。
15:00—15:20	点心:自主取点心,餐后将点心盘放回家。
15:20—16:00	户外活动:钻山洞(二)。 游戏目标:学会一个跟着一个走。 游戏准备:呼啦圈。 游戏玩法: 1.幼儿分为两队,一队幼儿两两一组拿呼啦圈做山洞,另一组幼儿开火车钻山洞。 2.变换角色反复玩。
16:00—16:10	离园整理:背书包、整理衣裤。
反思及调整	

幼儿园班级日教学工作计划表

班级：　　　　第二周　　　　星期五　　　　教师：

时间	环节、内容及指导要点
8:30—9:00	晨检：检查幼儿面部是否有伤痕。 晨间活动：自主活动"桌面玩具"。
9:00—10:00	户外活动： 1.三个字：幼儿分散在场地上，自由做走、跑、跳及其他动作练习，并听教师数1~10，当数到10的时候教师说："三个字"。全体幼儿就不动了。(可以两人或三人拥抱)教师说"解散"，幼儿散开继续自由做动作，如此重复游戏。 2.集体早操：幼儿跟随教师做早操，教师帮助出汗的幼儿垫隔汗巾。 3.自由游戏：幼儿自主选择场地、器械进行活动。 4.整理活动：把器械送回家，有序排队准备回教室。
10:00—10:20	生活活动：分组排队如厕、喝水。
10:20—10:40	集体活动：新年景象。 主要领域：语言。 活动目标： 1.回忆过新年的景象，初步学念儿歌。 2.了解过新年要拜年，尝试说说祝福的话。 活动准备： 1."新年到"背景图一张，新年的各种美景图片。 2."小朋友、新衣服、帽子、鞭炮、红包、新年好字体"图片各一张。 3.红包人手一个。 4.喜庆的音乐。 活动过程： 1.导入：敲锣打鼓放鞭炮。 听听音乐中的喜庆气氛，激起幼儿兴趣。 2.初步学念儿歌。 (1)出示"新年到"背景图，说说春节要来了，春节是中国人过大年，是中国的新年。 (2)提问：春节里我们小朋友的穿戴和平时有什么不一样？用儿歌的语言小结：新年到、新年到，穿新衣、戴新帽。 (3)提问：过新年的时候我们会做一些什么特别的事情？用儿歌的语言小结：放鞭炮、拿红包，大家说声新年好。 3.看图片，完整学念儿歌。 新年到，新年到，穿新衣，戴新帽。放鞭炮、拿红包，大家说声新年好。 4.送祝福、学拜年。 幼儿手拿红包，学做拜年的动作相互问候。 (本教案由宜宾市市级机关幼儿园练斯琴提供)

续表

时间	环节、内容及指导要点
10:40—11:20	区域活动:阅读区“小猪变干净了”。 区域目标:养成爱清洁、讲卫生的好习惯。 指导策略:引导幼儿理解故事内容,知道文明的卫生习惯。
11:20—11:45	生活活动:学习开细水洗手。 餐前活动:手指游戏“宝宝的小手”。
11:45—12:15	午餐:引导幼儿安静进餐,不挑食、不偏食。
12:15—12:30	餐后活动:散步
12:30—14:30	午睡:引导幼儿安静午睡,能将衣裤叠好放在床尾。
14:30—15:00	起床整理:排队如厕、喝水,学习挽袖、开细水洗手。
15:00—15:20	点心:自主取点心,餐后将点心盘放回家。
15:20—16:00	户外活动:小兔和狼(一)。 游戏目标:尝试与朋友合作进行游戏,体验游戏的乐趣。 游戏准备:狼头饰一个,欢快的音乐,轰轰轰音效。 游戏玩法:一名幼儿扮演狼,躲在场地边,其余幼儿扮演小兔,站在场地中间。欢快的音乐响起,小兔们在草地上吃萝卜,“轰轰轰”的音乐响起时,狼出来了,小兔们赶快蹲下不能动,谁动,谁就会被狼吃掉。欢快的音乐响起,狼已经逃走,小兔又快乐地吃萝卜了。
16:00—16:10	离园整理:背书包、整理衣物。
反思及调整	

第三周教学工作计划表

本周工作重点		1.引导幼儿了解吃饺子是中国人过传统新年的习俗之一。 2.帮助幼儿养成良好的个人卫生习惯。				
本周生活活动重点		1. 做到在提醒下,不用脏手揉眼睛。 2. 做到在提醒下,能遵守规则。				
	内容	星期一	星期二	星期三	星期四	星期五
上午	集体活动	社会 好忙的除夕	科学 新年吉祥物	艺术 锅庄舞	语言 长大一岁	健康 打预防针我不怕
	游戏活动	美工区 剪纸小蛇	阅读区 十二生肖的故事	角色区 给娃娃洗澡	益智区 动物的美食	生活区 扣纽扣
下午	游戏活动	吹泡泡	卷鞭炮	卷鞭炮(二)	小兔与狼(二)	小兔与狼(二)
备注	无。					

幼儿园班级日教学工作计划表

班级：　　　　第三周　　　　星期一　　　　教师：

时间	环节、内容及指导要点
8:30—9:00	晨检：观察幼儿情绪，检查幼儿是否带危险品入班。 晨间活动：自主活动“桌面玩具”。
9:00—10:00	户外活动： 1.红绿灯：幼儿当小司机，教师当交警，小汽车出行，看见红灯汽车停，看见绿灯可通行。 2.集体早操：幼儿跟随教师做早操，教师指导个别幼儿动作。 3.自由游戏：幼儿自主选择场地、器械进行活动。 4.整理活动：把器械送回家，有序排队准备回教室。
10:00—10:20	生活活动：分组排队如厕、喝水
10:20—10:40	集体活动：好忙的除夕。 主要领域：社会 活动目标： 1.了解吃饺子是中国人过传统新年的习俗之一。 2.通过了解年夜饭，初步感受新年的“团圆”。 活动准备：饺子皮、盘子、饺子压磨器、绘本《好忙的除夕》PPT、《新年好》串烧音乐。 活动过程： 1.导入——猜一猜。 播放鞭炮声、年夜饭中热闹场景的声音、《新年好》的串烧音乐，请幼儿猜一猜这是什么节日出现的场景。 2.看绘本PPT，师幼讨论。 (1)引出话题：春节是什么样子呢？有谁参加年夜饭？ 小结：吃年夜饭时，一家人团团圆圆在一起吃饭。 (2)出示一家人吃饺子的图片，介绍吃饺子是传统新年的习俗之一。 3.制作饺子。 师幼共同制作饺子，享受一顿“年夜饭”。 4.活动延伸。 (1)在幼儿区角投放彩泥、制作饺子的工具和其他材料，给幼儿提供经验整合与游戏的机会。 (2)了解中国人过新年的年夜饭习俗还有什么。 (本教案由宜宾市市级机关幼儿园杨稀提供)
10:40—11:20	区域活动：美工区“剪纸小蛇”。 区域目标：学会用剪刀剪直线。 指导策略：重点指导幼儿手握剪刀的姿势。
11:20—11:45	生活活动：学习眼保健操。 餐前活动：猜谜语《瓜子》。 黑黑的衣，白白的纹，咔咔咔咔，露出白肉。
11:45—12:15	午餐：引导幼儿文明地进餐，将佐料放入渣盘中。
12:15—12:30	餐后活动：散步。
12:30—14:30	午睡：引导幼儿安静午睡，不将手伸出被子。
14:30—15:00	起床整理： 1.幼儿相互学习叠被子。 2.排队如厕、喝水。

续表

时间	环节、内容及指导要点
15:00—15:20	点心:自主取点心,餐后将盘放回家。
15:20—16:00	户外活动:吹泡泡。 游戏目标:学习下蹲、踮脚。 游戏准备:儿歌、音乐。 游戏玩法: 幼儿齐念儿歌吹泡泡,当念到吹成一个大泡泡时,幼儿拉成一个大圆圈;当念到吹成小泡泡时,幼儿向中心靠拢;当念到泡泡飞高了,幼儿踮脚;当念到泡泡飞了,幼儿双手拍下,双脚往后跳,游戏结束。
16:00—16:10	离园整理:背书包,整理衣物。
反思及调整	

幼儿园班级日教学工作计划表

班级：　　　　第三周　　　　星期二　　　　教师：

时间	环节、内容及指导要点
8:30—9:00	晨检：观察幼儿情绪，检查幼儿是否带危险品入班。 晨间活动：自主游戏"撕纸"。
9:00—10:00	户外活动： 1.大型玩具：幼儿自选滑滑梯，教师提醒幼儿注意安全，不倒立、不趴着滑滑梯。 2.集体早操：幼儿跟随教师做早操，教师指导个别幼儿动作。 3.自由游戏：幼儿自主选择场地、器械进行活动。 4.整理活动：把器械送回家，有序排队准备回教室。
10:00—10:20	生活活动：分组排队如厕、喝水。
10:20—10:40	集体活动：新年吉祥物。 主要领域：科学。 活动目标： 1.了解我国有十二种生肖。 2.知道自己的生肖是哪种动物。 活动准备：十二种动物图案，《十二生肖的故事》PPT。 活动过程： 1.引入主题。 以游戏开启，引出十二生肖中的十二种动物。 师：森林里的小动物们正在举行一场狂欢派对，我们一起来瞧一瞧吧。出示十二种动物的派对图案。 师：我们一起来数一数，分别有哪些小动物来参加。幼儿回答，教师回应幼儿并进行总结。 2.观看PPT。 师：关于这十二种小动物，有这么一个传说故事……（结合PPT，讲述十二生肖传说故事） 3.游戏：动物捉迷藏。 (1)幼儿背对教师，教师把十二生肖中的其中一种动物藏起来，幼儿转身，幼儿说出"谁不见了"，巩固对十二种动物的记忆。 (2)藏住幼儿的所属生肖动物，让幼儿了解自己所属的生肖。 4.活动延伸。 将十二生肖的动物卡片投放于区角，供幼儿随时玩游戏。 （本教案由宜宾市市级机关幼儿园李芳提供）
10:40—11:20	区域活动：阅读区"十二生肖的故事"。 区域目标：激发对十二生肖动物的兴趣爱好。 指导策略：帮助幼儿理解故事内容，知道自己的属相。
11:20—11:45	生活活动：学习眼保健操。 餐前活动：演唱儿歌《卷鞭炮》。
11:45—12:15	午餐：引导幼儿文明地进餐，将佐料放入渣盘中。
12:15—12:30	餐后活动：散步。
12:30—14:30	午睡：引导幼儿安静午睡，不将手伸出被子。
14:30—15:00	起床整理： 1.幼儿相互学习叠被子。 2.排队如厕、喝水。

续表

时间	环节、内容及指导要点
15:00—15:20	点心:自主取点心,餐后将点心盘放回家。
15:20—16:00	户外活动:卷鞭炮(一)。 游戏目标:练习双脚原地向上跳。 游戏准备:小竹竿一根,短绳一根,绳上系用红纸做的鞭炮一串。 游戏玩法:幼儿站在大圆圈上,教师站在圈中。游戏开始,教师拿着有鞭炮的小竹竿,在幼儿头的上方来回晃动。当鞭炮停在谁的头的上方时,谁就用手去触鞭炮,做点燃鞭炮状,口中发出“嗤”的声音,其他幼儿也随即发出“嗤”的声音,并蹲下(表示等待炮响)。教师发出“砰”声,全体幼儿双脚向上跳起,发出“啪啪啪”以示鞭炮爆了。游戏结束,可重复多次玩。
16:00—16:10	离园整理:背书包、整理衣物。
反思及调整	

幼儿园班级日教学工作计划表

班级：　　　　第三周　　　　星期三　　　　教师：

时间	环节、内容及指导要点
8:30—9:00	晨检：观察幼儿情绪，检查幼儿是否带危险品入班。 晨间活动：自主游戏“彩泥”。
9:00—10:00	户外活动： 1.攀爬架：幼儿自由攀爬，教师提醒幼儿注意安全，关注爬得高的幼儿。 2.集体早操：幼儿跟随教师做早操，教师指导个别幼儿动作。 3.自由游戏：幼儿自主选择场地、器械进行活动。 4.整理活动：把器械送回家，有序排队准备回教室。
10:00—10:20	生活活动：分组排队如厕、喝水。
10:20—10:40	集体活动：锅庄舞。 主要领域：艺术。 活动目标： 1.知道自己是中国娃，以自己民族特有的方式迎接新年。 2.用肢体语言表达新年的快乐。 活动准备： 1.锅庄舞曲音频、视频。 2.五十六个民族图片、火盆。 3.地面圆圈标志线。 活动过程： 1.引入话题。 出示“五十六个民族图片”，引出我们都是中国人。 师：“在我们中国一共有五十六个民族，找一找图片上你都认识哪些民族呢？”幼儿自由回答，引出彝族。师：“哇！没错！我们彝族也是中华民族的一部分，我们都是中国宝宝！” 2.话题讨论。 师：“新年到来之际，我们彝族是怎样庆祝新年呢？”幼儿自由回答。 师：“哇！原来庆祝新年的方式有很多呢，视频里的小朋友是用什么方式来庆祝呢。”播放锅庄舞视频。 3.播放锅庄舞音频，跟随音乐舞蹈。 师：“让我们伴随音乐，和小朋友们一起跳起锅庄舞欢庆新年吧！” 播放锅庄舞音频，教师和幼儿共同站在圆线上，围着火盆跳锅庄舞。 （本教案由宜宾市市级机关幼儿园李芳提供）
10:40—11:20	区域活动：角色区“给娃娃洗澡”。 区域目标：体验做“成人”的辛苦，学会关心人、体贴人。 指导策略：指导幼儿给娃娃穿脱衣服。
11:20—11:45	生活活动：不挖鼻孔。 餐前活动：猜谜语《玉米》。 绿绿的衣，黄黄的肉；一个一个，挨挨挤挤。
11:45—12:15	午餐：引导幼儿文明地进餐，将佐料放入渣盘中。
12:15—12:30	餐后活动：散步。
12:30—14:30	午睡：引导幼儿安静午睡，不将手伸出被子。

续表

时间	环节、内容及指导要点
14:30—15:00	起床整理: 1.幼儿相互学习叠被子。 2.排队如厕、喝水。
15:00—15:20	点心:自主取点心,餐后将点心盘放回家。
15:20—16:00	户外活动:卷鞭炮(二)。
16:00—16:10	离园整理:整理书包、衣、裤。
反思及调整	

幼儿园班级日教学工作计划表

班级： **第三周** **星期四** **教师：**

时间	环节、内容及指导要点
8:30—9:00	晨检：观察幼儿情绪，检查幼儿是否带危险品入班。 晨间活动：自主活动“绘画”。
9:00—10:00	户外活动： 1. 老鹰捉小鸡：一名幼儿扮老鹰，一名幼儿扮鸡妈妈，其余幼儿扮小鸡，老鹰飞过来捉小鸡，妈妈用翅膀保护小鸡不让老鹰捉，小鸡蹲下老鹰不能捉。 2. 集体早操：幼儿跟随教师做早操，教师指导个别幼儿动作。 3. 自由游戏：幼儿自主选择场地、器械进行活动。 4. 整理活动：把器械送回家，有序排队准备回教室。
10:00—10:20	生活活动：分组排队如厕、喝水。
10:20—10:40	集体活动：长大一岁。 主要领域：语言。 活动目标： 1. 乐于倾听并能大胆讨论，发展语言表达能力。 2. 增强自我意识，体验成长的快乐，增进对父母的亲情。 活动准备： 1. 儿歌《新年到》。 2. 幼儿知道自己的年龄。 3. 收集小朋友小时候在新年拍的照片、穿的衣物。 活动过程： 1. 导入活动。 “新年到新年到，穿新衣戴新帽”，为什么到了新年我们要穿新衣戴新帽呢？ 2. 有效提问。 出示个别幼儿的照片让孩子们认一认：这是哪一位小朋友？他小时候和现在有什么变化？ 3. 师幼讨论。 过了新年我几岁了？自己是怎么样长高长大的？感受家人的辛苦。 4. 小结。 因为我们长大了一岁，所以身高、体重和小时候比起来都有变化，小时候的我们很多事情都需要爸爸妈妈的帮助，现在长大了也学会了很多本领。 5. 活动延伸。 亲子活动：称体重、比高矮，试穿小时候的衣物，感知自己的成长变化；角色扮演，回顾家人是怎么样照顾自己的。 （本教案由宜宾市市级机关幼儿园宋雯提供）
10:40—11:20	区域活动：益智区“动物的美食”。 区域目标：能将美食与各种动物进行配对。 指导策略：指导幼儿将动物的美食放入相应格子里。
11:20—11:45	生活活动：不挖耳朵。 餐前活动：手指游戏“五只猴子”。
11:45—12:15	午餐：引导幼儿文明地进餐，将佐料放入渣盘中。
12:15—12:30	餐后活动：散步。
12:30—14:30	午睡：引导幼儿安静午睡，不将手伸出被子。

续表

时间	环节、内容及指导要点
14:30—15:00	起床整理: 1.幼儿相互学习叠被子。 2.排队如厕、喝水。
15:00—15:20	点心:自主取点心,餐后将盘放回家。
15:20—16:00	户外活动:小兔和狼(二)。 游戏目标:听音乐,变换动作,体验游戏的快乐。 游戏准备:歌曲《小红帽》。 游戏玩法:一名幼儿扮演狼,躲在场地边,其余幼儿扮演小兔,站在场地中间。音乐起,小兔边唱歌边跳舞走出来,当唱到最后一句"我要赶回家,同妈妈一同进入甜蜜梦乡"时,小兔要赶快蹲下,狼随音乐走到场地中间寻找还在动的小兔,如果小兔动了被捉到,就要停止一轮游戏。
16:00—16:10	离园整理:背书包、整理衣物。
反思及调整	

幼儿园班级日教学工作计划表

班级：　　　　第三周　　　　星期五　　　　教师：

时间	环节、内容及指导要点
8:30—9:00	晨检：观察幼儿情绪，检查幼儿是否带危险品入班。 晨间活动：自主活动“桌面玩具”。
9:00—10:00	户外活动： 1. 小鲤鱼跳龙门：幼儿当小鲤鱼，在河里游，一个龙门挡住了回家的路，小鲤鱼们双脚起跳，跳过龙门，回家了。 2. 集体早操：幼儿跟随教师做早操，教师指导个别幼儿动作。 3. 自由游戏：幼儿自主选择场地、器械进行活动。 4. 整理活动：把器械送回家，有序排队准备回教室。
10:00—10:20	生活活动：分组排队如厕、分组排队喝水。
10:20—10:40	集体活动：打预防针我不怕。 主要领域：健康。 活动目标： 1. 初步了解打预防针的意义，能主动接受预防接种。 2. 消除打预防针的恐惧心理，不怕打针。 活动准备：绘本《打预防针，我不怕》PPT、小猪手偶。 活动过程： 1. 导入活动。 师出示小猪手偶，小猪说他明天要去打预防针，小朋友们知道预防针是什么吗？ 2. 观看故事。 (1)预防针是在什么时候打的？哪些时候不能打预防针呢？ 小结：在健康的时候打预防针，生病的时候不能打预防针。 (2)打预防针有什么用呢？ 打预防针是为了更好地预防病菌侵入我们的身体。 3. 学习儿歌。 小小针管亮晶晶，针管里面药水清，打针不哭真勇敢，身体健康多快乐。 (本教案由宜宾市市级机关幼儿园杨稀提供)
10:40—11:20	区域活动：生活区“扣纽扣”。 区域目标：学会顶、拉精细动作。 指导策略：重点指导右手食指与中指的动作。
11:20—11:45	生活活动：学习漱口。 餐前活动：表演儿歌《冬天的雪花》。 雪花飘飘，落到树梢；雪花飘飘，落到小河； 雪花飘飘，落到屋顶；雪花飘飘，落到手心。
11:45—12:15	午餐：引导幼儿文明地进餐，将佐料放入渣盘中。

续表

时间	环节、内容及指导要点
12:15—12:30	餐后活动:散步。
12:30—14:30	午睡。
14:30—15:00	起床整理: 1.幼儿相互学习叠被子。 2.排队如厕、喝水。
15:00—15:20	点心:自主取点心,餐后将点心盘放回家。
15:20—16:00	户外活动:小兔和狼(二)。 游戏目标:听音乐,变换动作,体验游戏的快乐。 游戏准备:歌曲《小红帽》。 游戏玩法:一名幼儿扮演狼,躲在场地边,其余幼儿扮演小兔,站在场地中间。音乐起,小兔边唱歌边跳舞走出来,当唱到最后一句"我要赶回家,同妈妈一同进入甜蜜梦乡"时,小兔要赶快蹲下,狼随音乐走到场地中间寻找还在动的小兔,如果小兔动了被捉到,就要停止一轮游戏。
16:00—16:10	离园整理:背书包、整理衣物。
反思及调整	

第四周教学工作计划表

<table>
<tr><td colspan="2">本周工作重点</td><td colspan="5">1. 引导幼儿发现和体验生活中很多地方都用到数。
2. 引导幼儿用自己的方式表达新年祝福。</td></tr>
<tr><td colspan="2">本周生活活动重点</td><td colspan="5">1. 不吃陌生人给的东西，不跟陌生人走。
2. 注意安全，不做危险的事情。
3. 能根据教师要求自主取点心，餐后将点心盘放回指定的地方。
4. 安静地午睡，不将玩具带入午睡室；起床时能互助叠被子。</td></tr>
<tr><td></td><td>内容</td><td>星期一</td><td>星期二</td><td>星期三</td><td>星期四</td><td>星期五</td></tr>
<tr><td rowspan="2">上午</td><td>集体活动</td><td>健康
我开心</td><td>语言
小熊放鞭炮</td><td>社会
过元旦</td><td>科学
彩灯亮了</td><td>艺术
新年贺卡</td></tr>
<tr><td>游戏活动</td><td>益智区
比较大小</td><td>生活区
穿珠子</td><td>角色区
带娃娃上街</td><td>美工区
圆圆饼干</td><td>阅读区
美丽的新年</td></tr>
<tr><td>下午</td><td>游戏活动</td><td>户外活动
鲤鱼跳龙门</td><td>户外活动
狼来了</td><td>户外活动
袋鼠跳</td><td>户外活动
小螃蟹</td><td>户外活动
风婆婆吹吹</td></tr>
<tr><td>备注</td><td colspan="6">儿歌：《我来帮助你》。
你帮我来梳梳头，我帮你来扣纽扣，
团结友爱手拉手，我们都是好朋友。</td></tr>
</table>

幼儿园班级日教学工作计划表

班级：　　　　第四周　　　　星期一　　　　教师：

时间	环节、内容及指导要点
8:30—9:00	晨检：观察幼儿情绪,抚摸幼儿额头。 晨间活动：自主游戏“桌面玩具”。
9:00—10:00	户外活动： 1.乌龟爬:幼儿当小乌龟,在地垫上慢慢爬,从起点开始,绕过障碍物,最后到达终点。 2.集体早操:幼儿跟随教师做早操,教师指导个别幼儿动作。 3.自由游戏:幼儿自主选择场地、器械进行活动。 4.整理活动:把器械送回家,有序排队准备回教室。
10:00—10:20	生活活动:如厕、喝水。
10:20—10:40	集体活动:我开心。 主要领域:健康。 活动目标: 1.知道每个人都有情绪,能辨认和理解开心、生气、难过三种基本情绪。 2.初步了解不同情绪对身体健康的影响,学会用正确的方式排解不开心的情绪。 活动准备: 1.音乐《你笑起来真好看》。 2.故事《赶走不开心》。 3.开心卡片、生气卡片、难过卡片。 活动过程: 1.导入:教师播放音乐,带着孩子们一起拍手。“小朋友听到这首歌心情如何呢?” 2.故事讲述:“老师的朋友小熊丹尼不开心,它躲在家里不出来……” 3.提问:小朋友们,你们有什么好办法帮助它把不开心的心情快快赶跑吗? 4.出示卡片进行讨论:你们更喜欢哪一种情绪卡片呢?为什么? 5.总结:回顾故事中兔子教给小熊的4种快乐方法,引导幼儿学会用正确的方式排解不开心的情绪。 (本教案由宜宾市市级机关幼儿园宋雯提供)
10:40—11:20	区域活动:益智区“比较大小”。 区域目标:能区分物品的大、小。 指导策略:重点指导幼儿如何分辨大、小。
11:20—11:45	生活活动:洗手。 餐前活动:表演儿歌《小手拍拍》。
11:45—12:15	午餐:引导幼儿细嚼慢咽。
12:15—12:30	餐后活动:散步。
12:30—14:30	午睡。
14:30—15:00	起床整理。
15:00—15:20	点心。
15:20—16:00	户外活动:鲤鱼跳龙门。 游戏目标:学习双脚跳跃。 游戏准备:场地、小鲤鱼音乐。 游戏玩法:幼儿两人一组,分成两队,搭龙门。排尾的两名幼儿依次跳过龙门,跳过第一个龙门后,双手搭龙门,大家依次进行,再依次排队完成。
16:00—16:10	离园整理:背书包、整理衣物。
反思及调整	

幼儿园班级日教学工作计划表

班级：　　　　第四周　　　　星期二　　　　教师：

时间	环节、内容及指导要点
8:30—9:00	晨检：观察幼儿情绪，检查幼儿衣裤是否有异物。 晨间活动：自主游戏“撕纸”。
9:00—10:00	户外活动： 1.我是小小传球手：幼儿分成两组依次排队站好，排头幼儿开始依次往后传球，最先传完的组为胜。 2.集体早操：幼儿跟随教师做早操，教师指导个别幼儿动作。 3.自由游戏：幼儿自主选择场地、器械进行活动。 4.整理活动：把器械送回家，有序排队准备回教室。
10:00—10:20	生活活动：如厕、喝水。
10:20—10:40	集体活动：小熊放鞭炮。 主要领域：语言。 活动目标： 1.知道放鞭炮时，要注意保护自己。 2.能够看着图片，学习小熊放鞭炮的儿歌。 活动准备： 1.小熊放鞭炮的故事图六张。(小熊点燃鞭炮、小熊走近看鞭炮、被鞭炮声吓哭的小熊、熊爸熊妈抱住小熊、熊爸点燃烟花爆竹、小熊一家笑看鞭炮) 2.鞭炮声音乐伴随着哭声的录音。 3.儿歌《小熊放鞭炮》。 4.小熊手偶一个。 活动过程： 1.导入部分。 教师播放录音，吸引幼儿的注意力。这是什么声音呢？鞭炮的声音，哭声，让我们一起去看看发生了什么事。 2.讲述故事。 (1)看图讲故事：小熊嘟嘟踮着脚，拿着小火棒远远地点燃了鞭炮；小熊以为鞭炮熄灭，走近看了看，鞭炮爆炸了，小熊吓哭摔倒了，熊爸熊妈跑过来抱住小熊安慰它。 (2)提问：刚刚我们听到的是谁的哭声啊？小熊为什么哭呢？看到哭泣的小熊，你会怎么做呢？点燃鞭炮后，要怎么办？ 3.学习儿歌。 (1)教师边拍手边念儿歌，幼儿初步熟悉儿歌内容。 (2)出示图片，带着幼儿出示一张念一张，完成后，整体念读儿歌两次。视听结合，记忆儿歌上半部分。后半部分，同上方法，着重学习和练习最后一句。 (3)教师先带着幼儿整体念读一遍，随后，让幼儿说上句，教师说下句。再交换顺序，进一步记忆儿歌内容。 4.结束部分。 我们小朋友放鞭炮，要叫上大人一起，要注意保护自己。点燃鞭炮静悄悄时，我们要怎么样？不着急，等一等，才能看着鞭炮哈哈笑。齐念最后一遍儿歌。 5.延伸活动：我是小熊。 把图片、小熊一家头饰、鞭炮玩具放到表演区，幼儿扮演小熊表演放鞭炮，学习放鞭炮的正确方法，体验放鞭炮的乐趣。 (本教案由宜宾市市级机关幼儿园陈治君提供)

续表

时间	环节、内容及指导要点
10:40—11:20	区域活动:生活区“穿珠子”。 区域目标:学习用线穿入孔。 指导策略:重点指导幼儿穿入、拉出的动作。
11:20—11:45	生活活动:七步洗手法。 餐前活动:猜谜语《胡萝卜》。 红红的皮、黄黄的肉,吃着吃着就过年啦!
11:45—12:15	午餐:引导幼儿细嚼慢咽。
12:15—12:30	餐后活动:散步。
12:30—14:30	午睡。
14:30—15:00	起床整理: 1.分组排队如厕、喝水。 2.互助叠被子。
15:00—15:20	点心:自主取点心,餐后将点心盘放回家。
15:20—16:00	户外活动:狼来了。 游戏目标: 1.练习正面投掷的动作。 2.有积极参与活动的兴趣和勇敢的意志品质。 游戏准备:纸球若干、大灰狼头饰、音乐。 游戏玩法:幼儿扮小羊,教师扮狼,小羊听音乐在场地中欢快地游戏,突然一阵咚咚咚的声音,狼来了,所有小羊将自己准备好的纸弹投掷向狼,狼被纸弹打败了,场地中又有欢快的笑声,此游戏可重复多次。
16:00—16:10	离园整理:整理书包、衣、裤。
反思及调整	

幼儿园班级日教学工作计划表

班级： 第四周 星期三 教师：

时间	环节、内容及指导要点
8:30—9:00	晨检：观察幼儿情绪，检查幼儿衣裤是否有异物。 晨间活动：自主游戏“彩泥”。
9:00—10:00	户外活动： 1.喂小狗吃饭。幼儿分成两组排成纵队，每人手拿纸球，一个接一个投进小狗的嘴里。 2.集体早操：幼儿跟随教师做早操，教师指导个别幼儿动作。 3.自由游戏：幼儿自主选择场地、器械进行活动。 4.整理活动：把器械送回家，有序排队准备回教室。
10:00—10:20	生活活动：如厕、喝水。
10:20—10:40	集体活动：过元旦。 主要领域：社会。 活动目标： 1.了解元旦节的由来，知道元旦是新年的第一天。 2.能够说出或指出“春联、窗花、贺卡、红灯笼”等新年特征。 3.愿意向朋友说祝福语，初步懂得关爱他人。 活动准备： 1.教室环境布置：教室走廊和室内点缀一些气球，门两侧贴春联，窗户贴窗花，室内悬挂红灯笼六个，墙上贴着红色的贺卡。 2.歌曲《新年好》、视频《元旦的来历》。 3.教师们为全班幼儿写的新年祝福卡片。 活动过程： 1.导入部分。 (1)播放歌曲《新年好》，引出新年的第一天，一月一日为元旦节。 (2)讨论：元旦节和平时有什么不一样呢？引导幼儿观察教室，感受元旦节的热闹。图片展示教室里贴着春联、窗花、红灯笼等新年特征。 2.观看视频，了解元旦的来历及风俗。 (1)提问：“元旦节是怎么来的？为什么大家要过元旦节呢？”用问题引出《元旦的来历》视频，进一步了解元旦。 (2)谈话：“元旦是什么意思？元旦为一年的开始之日。”“以前有没有元旦节？有哪些过元旦节的方式呢？” (3)小结：庆祝元旦节是从很久以前就有的习俗，现在的元旦节是每年的一月一日，在中国，大家会用放鞭炮、挂灯笼、贴窗花等方式来庆祝新的一年的到来。 3.说说吉祥话。 (1)元旦是新的一年的开始，我们可以在今天为自己、好朋友送去祝福。 教师示范：教师读写给宝贝们的新年祝福(大家好，我是××老师，今天是新年的第一天，我祝愿班上所有的宝贝们……)，鼓励和引导幼儿尝试上台为自己送上新年的祝福，为好朋友送上新年的祝福。 (2)幼儿自愿上台向朋友说祝福语，感受送祝福的快乐。 4.总结部分。 元旦是新一年的开始，今天我们得到了许多祝福，也送出了许多祝福，愿我们大家在新的一年里，开开心心，健康成长。 5.延伸活动。 在美工区提供桃心形卡片，幼儿可以用绘画、粘贴等方式制作新年贺卡；在表演区，提供悬挂着小灯笼和贺卡的舞台背景、话筒，让不敢上台送祝福的幼儿，能够在表演区感受送祝福的快乐。 (本教案由宜宾市市级机关幼儿园陈治君提供)

续表

时间	环节、内容及指导要点
10:40—11:20	区域活动:角色区“带娃娃上街”。 区域目标:在游戏中感知爱与被爱。 指导策略:重点指导幼儿准备上街所需物品。
11:20—11:45	生活活动:洗手。 餐前活动:律动“开火车”。
11:45—12:15	午餐:引导幼儿细嚼慢咽。
12:15—12:30	餐后活动:散步。
12:30—14:30	午睡:安静午睡,不趴着入睡。
14:30—15:00	起床整理。
15:00—15:20	点心。
15:20—16:00	户外活动:袋鼠跳。 游戏目标: 1.练习行进跳跃,发展动作的协调能力,提高反应能力和控制能力。 2.发展初步的合作能力,感受与同伴合作游戏的快乐。 游戏准备:袋鼠头饰、铃一个、各种动物标志4~5个挂在场地四周。 游戏玩法:请一名幼儿扮袋鼠妈妈站在前,教师扮小袋鼠站在后,双手搭住袋鼠妈妈的肩,一起跳跃行进,幼儿自由结对,练习双人跳跃行进。“妈妈”和“宝宝”站在场地中央,随音乐跳跃行进至一个动物家做客,再返回中央。游戏重复数次。
16:00—16:10	离园整理。
反思及调整	

幼儿园班级日教学工作计划表

班级：　　　　第四周　　　　星期四　　　　教师：

时间	环节、内容及指导要点
8:30—9:00	晨检：观察幼儿情绪，检查幼儿衣裤是否有异物。 晨间活动：自主游戏“绘画”。
9:00—10:00	户外运动： 1.跳呼啦圈：幼儿排队，一个接一个地双脚跳进呼啦圈里，直到最后跳完。 2.集体早操：幼儿跟随教师做早操，教师指导个别幼儿动作。 3.自由游戏：幼儿自主选择场地、器械进行活动。 4.整理活动：把器械送回家，有序排队准备回教室。
10:00—10:20	生活活动：如厕、喝水。
10:20—10:40	集体活动：彩灯亮了。 主要领域：科学。 活动目标： 1.能用一一对应的方法为小动物“点灯”。 2.感受节日的氛围。 活动准备： 1.彩灯泡一串(红黄两种颜色)。 2.ABABAB有色卡片一张、ABABAB无色卡若干。 3.仙女棒。 活动过程： 1.导入活动。 小朋友们，今天老师给你们带来一件神奇的宝贝。 师拿出彩灯串，挥舞仙女棒，“巴啦啦小魔仙——变”(打开开关)，彩灯亮了。 2.排序认知(ABABAB)。 (1)小朋友们，刚才你看到什么颜色的彩灯亮了？ (2)你们知道彩灯怎么排队的吗？ 小结：是的，它们的顺序是红色—黄色—红色—黄色—红色—黄色…… 3.ABAB排序练习。 老师为你们准备了一串彩灯，也请你们来为它们排排队，你们的彩灯颜色可以和老师的不一样，但是要像老师一样排序哦。 4.分享排序作品。 (本教案由宜宾市市级机关幼儿园周文蕤提供)
10:40—11:20	区域活动：美工区“圆圆饼干”。 区域目标：感知圆形在生活中的用处。 指导策略：重点指导幼儿学习画圆形。
11:20—11:45	生活活动：餐前洗手。 餐前活动：复习儿歌。(教师说儿歌名称，幼儿说内容)
11:45—12:15	午餐：引导幼儿细嚼慢咽。
12:15—12:30	餐后散步。
12:30—14:30	午睡：安静午睡，不将手伸出被子。
14:30—15:00	起床整理。

续表

时间	环节、内容及指导要点
15:00—15:20	点心。
15:20—16:00	户外活动:小螃蟹。 游戏目标: 1.练习侧身前进。 2.提高合作的默契度。 游戏准备:皮球若干。 游戏玩法:幼儿两人一组,背对背站好。游戏开始,在起点时两个人要用背部夹这个球,夹住后侧身前进到终点,先到的两个人为胜。(在前进中若皮球掉落,要快速地捡起)
16:00—16:10	离园整理:背书包、整理衣物。
反思及调整	

幼儿园班级日教学工作计划表

班级：　　　　第四周　　　　星期五　　　　教师：

时间	环节、内容及指导要点
8:30—9:00	晨检：观察幼儿情绪，检查幼儿衣裤是否有异物。 晨间活动：自主游戏“桌面玩具”。
9:00—10:00	户外活动： 1.小猪回家：幼儿分成两组排队，用双手滚球，将小猪送回家。 2.集体早操：幼儿跟随教师做早操，教师指导个别幼儿动作。 3.自由游戏：幼儿自主选择场地、器械进行活动。 4.整理活动：把器械送回家，有序排队准备回教室。
10:00—10:20	生活活动：如厕、喝水。
10:20—10:40	集体活动：新年贺卡。 主要领域：艺术。 活动目标： 1.能够选择自己的方式设计贺卡。 2.体验制作贺卡、送贺卡的乐趣。 活动准备：贺卡PPT、彩色卡纸、皱纹纸若干、泡沫纸、彩笔。 活动过程： 1.出示PPT，欣赏贺卡。 新年到来，我们做贺卡送祝福，先来欣赏一下吧。（幼儿欣赏PPT中的各种贺卡） 2.计划制作贺卡。 你准备做一张什么样的贺卡？（幼儿相互讨论） 3.幼儿自制贺卡。 幼儿用自己的方式制作贺卡，教师巡回观察、鼓励。 4.送贺卡。 说一说：我想把贺卡送给谁。 （本教案由宜宾市市级机关幼儿园周文羲提供）
10:40—11:20	区域活动：阅读区“美丽的新年”。 区域目标：了解故事内容，知道过年的几种习俗。 指导策略：帮助幼儿感受故事中表现的友善、宽容与温情。
11:20—11:45	生活活动：洗手。 餐前活动：表演儿歌《小蚂蚁》
11:45—12:15	午餐：引导幼儿细嚼慢咽。
12:15—12:30	餐后活动：欣赏音乐。
12:30—14:30	午睡：安静午睡，不将手伸出被子。
14:30—15:00	起床整理。
15:00—15:20	点心。

续表

时间	环节、内容及指导要点
15:20—16:00	户外活动:风婆婆吹吹。 游戏目标: 1.乐意参与游戏,并遵守游戏规则。 2.初步学习在奔跑时用眼睛观察前方,避免碰撞,注意安全。 游戏准备:风婆婆头饰一个。 游戏玩法:教师当风婆婆,幼儿来做小树叶,小树叶听风婆婆的指令做相应的动作。幼儿在玩游戏时,眼睛要看前方,避免碰撞;嘴巴不张开,以免咳嗽等,师幼共同重复玩游戏。教师可根据幼儿的运动能力调整走、跑的时间,同时提醒幼儿按教师发出的信号行动。
16:00—16:10	离园整理。
反思及调整	

小班“包饺子”亲子活动方案

一、活动目标

1. 喜欢参加集体活动，感受集体活动欢乐的氛围，能融入集体，积极参与包饺子活动。

2. 在包饺子活动中，进一步加深对饺子的认识，感受饺子皮和饺子馅的不同，能在大人的带领下包饺子，具备一定的动手能力。

3. 建立良好的家园关系，促进家长和教师之间的沟通、合作，引导家长在活动中为幼儿树立积极主动、团结协作的榜样。

二、活动时间

××××年××月××日。

三、活动准备及任务分工

1. 饺子材料：饺子皮、饺子馅、饺子压磨器、盆子、勺子、一次性桌布等。

责任人：××。

2. 家园活动 PPT。（幼儿一日活动精彩视频背景五分钟左右；饺子图片、包饺子步骤 PPT）

责任人：××。

3. 家长签到表、相机、活动背景音乐。

责任人：××。

4. 提前在班级群发放通知以及亲子活动相关事项。

责任人：××。

四、活动地点

小班活动室。

五、活动流程

8：20—9：20，接待，亲子游戏。

1. 教师热情接待幼儿和家长,家长签到。

2. 家长与幼儿共同自由选择区角进行游戏,教师引导家庭间交流、共同游戏。

9:20—9:40,幼儿喝水、如厕,家长与幼儿一起洗手。

9:40—10:30,包饺子。

1. 组织家长和幼儿以小组为单位坐好,教师介绍活动流程及要求。

2. 观看幼儿园一日活动视频。

3. 教师播放包饺子步骤PPT,邀请家长向全班示范。

4. 家长委员会成员协助教师铺桌布,分发饺子皮、饺子馅等。

5. 帮助和鼓励个别不会包的家长学会包饺子。

10:30—11:00,收拾整理,布置就餐环境;在厨房煮饺子。

11:00—11:40,吃饺子。让幼儿为家长服务,分发碗筷,品尝自己的劳动成果。(多注意幼儿安全)

11:40—12:10,大家一起收拾整理教室、活动结束,家长有序离开幼儿园。

12:10—12:30,幼儿散步。

12:30—14:30,幼儿午休。

六、活动要求

1. 在整个活动过程中,家长在照顾好孩子的同时,尽可能带领孩子多做事,多与孩子交流,树立积极主动、团结合作的榜样。活动结束时,大朋友和小朋友一起收拾,把教室整理得干干净净。

2. 活动当天,每位小朋友至少有一名家长陪同,同时,请家长们遵守时间,配合教师,确保活动顺利进行。

3. 请家长照顾好自己的孩子,避免烫伤事故发生,盛饺子、添饺子都请家长操作,幼儿不靠近危险设施。

4. 为保证食品卫生安全,家长和幼儿在包饺子和进餐前做好手部清洗工作。

5. 活动时可互相交流,但应注意不影响别人,不大声喧哗。

附:亲子游戏《你抛我接》

1. 活动准备:六个围兜、六个篮子、海洋球若干、场地标线、音乐、音响。

2. 游戏玩法:分组,每组六个家庭。幼儿和家长相对站好,家长穿上围兜,双手牵好围兜边缘,幼儿在对面拿篮子的海洋球扔进围兜。在规定时间内接球最多的一组获胜。

3. 教师和幼儿提前熟悉游戏玩法和规则。

4. 活动主持人:班主任。

5. 拍照:配班教师。

(本方案由宜宾市江安县阳春镇踏水桥幼儿园卢围围提供)

花儿朵朵

主题背景

春天天气渐暖，万物复苏。幼儿园里的花渐渐开放，周边田野里各种各样的花草也蓬勃生长，农村丰富的自然资源，正是我们得天独厚的课程资源。本月开展“花儿朵朵”主题活动，主旨在于：让幼儿感受大自然的美好；帮助幼儿欣赏关于花的儿歌、故事；帮助幼儿认识常见的花，发现各种各样花的不同，激发幼儿探究的欲望；帮助幼儿熟悉关于花的绘本、故事、儿歌，让幼儿在说说唱唱中，保持愉悦的心情，也能激发孩子表现、表达的愿望。

本主题中，孩子们将在丰富多彩的活动中，与现实中的花儿、图画中的花儿、故事中的花儿、儿歌中的花儿密切接触，获得全面的发展。

主题目标

1. 喜欢在户外环境中活动，乐于亲近大自然，喜欢观看大自然中的花、草、树等。

2. 认识幼儿园和周边环境里的花儿，能注意并发现花儿是多种多样的。

3. 对花儿充满兴趣，能发现花儿的明显特征，乐意与同伴交流自己的发现。

4. 喜欢用笔涂涂画画自己看到的花儿，尝试用不同的材料和艺术形式表现自己对花儿的理解。

5. 感知花儿的不同形状，区分花儿的大小、多少，花枝的长短等方面的特点，并能用相应的词表示。能手口一致地点数五朵以内的花儿。

6. 能爱护花儿，不随意摘花。

主题网络图

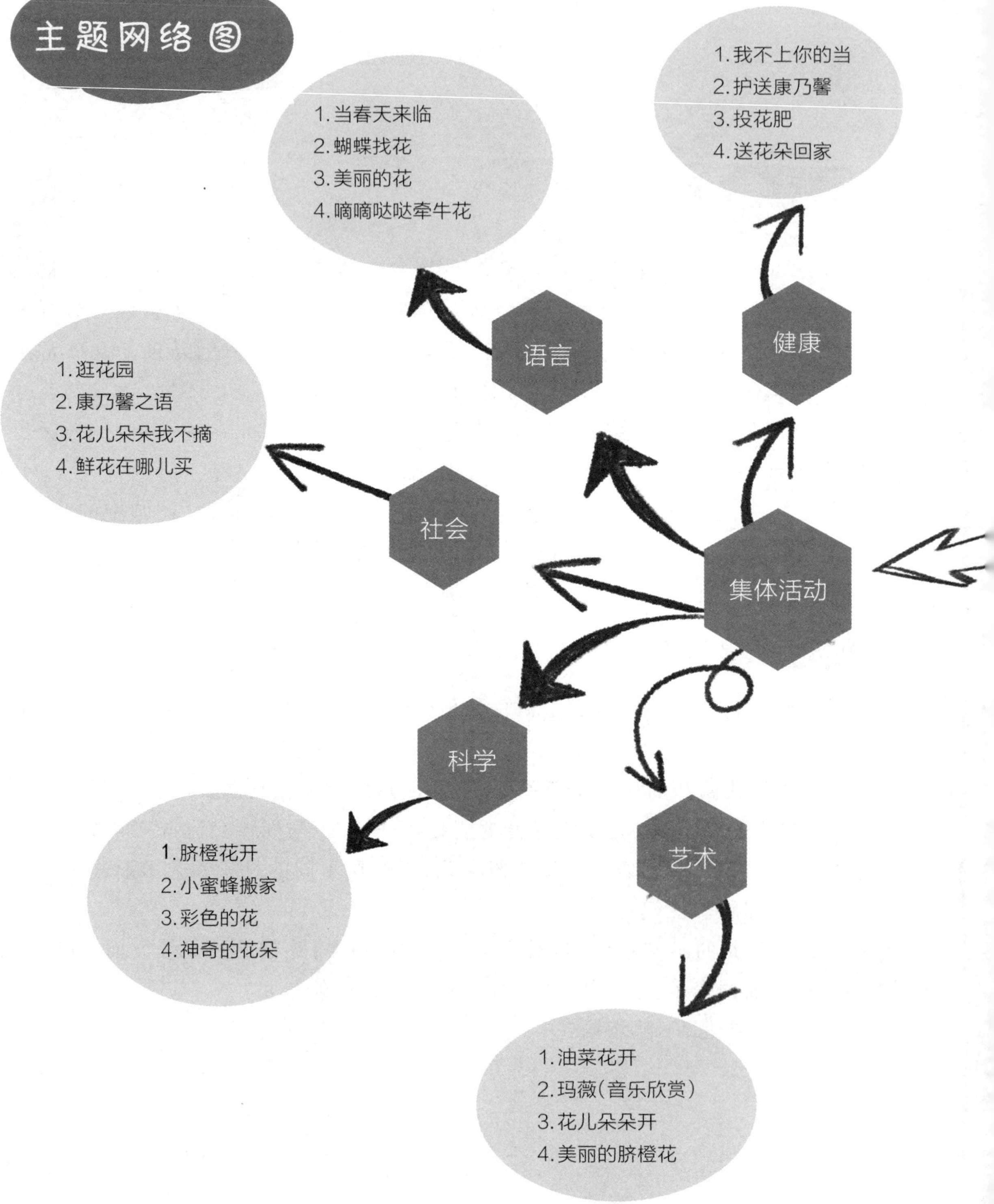
集体活动
语言
1.当春天来临
2.蝴蝶找花
3.美丽的花
4.嘀嘀哒哒牵牛花
健康
1.我不上你的当
2.护送康乃馨
3.投花肥
4.送花朵回家
社会
1.逛花园
2.康乃馨之语
3.花儿朵朵我不摘
4.鲜花在哪儿买
科学
1.脐橙花开
2.小蜜蜂搬家
3.彩色的花
4.神奇的花朵
艺术
1.油菜花开
2.玛薇(音乐欣赏)
3.花儿朵朵开
4.美丽的脐橙花

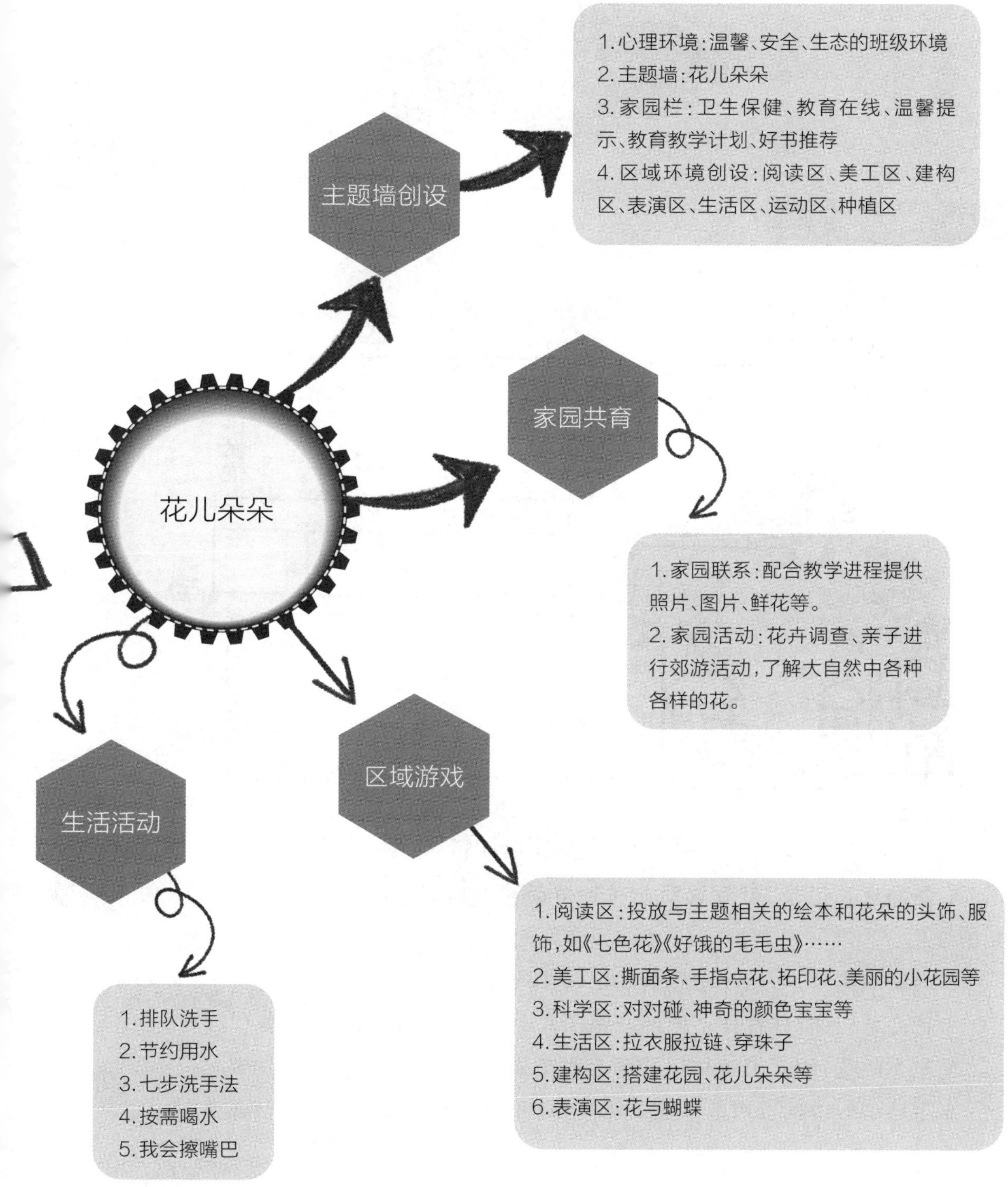
花儿朵朵
主题墙创设
1.心理环境:温馨、安全、生态的班级环境
2.主题墙:花儿朵朵
3.家园栏:卫生保健、教育在线、温馨提示、教育教学计划、好书推荐
4.区域环境创设:阅读区、美工区、建构区、表演区、生活区、运动区、种植区
家园共育
1.家园联系:配合教学进程提供照片、图片、鲜花等。
2.家园活动:花卉调查、亲子进行郊游活动,了解大自然中各种各样的花。
区域游戏
1.阅读区:投放与主题相关的绘本和花朵的头饰、服饰,如《七色花》《好饿的毛毛虫》……
2.美工区:撕面条、手指点花、拓印花、美丽的小花园等
3.科学区:对对碰、神奇的颜色宝宝等
4.生活区:拉衣服拉链、穿珠子
5.建构区:搭建花园、花儿朵朵等
6.表演区:花与蝴蝶
生活活动
1.排队洗手
2.节约用水
3.七步洗手法
4.按需喝水
5.我会擦嘴巴

图 3-1 主题网络图

环境创设建议

一、主题墙创设

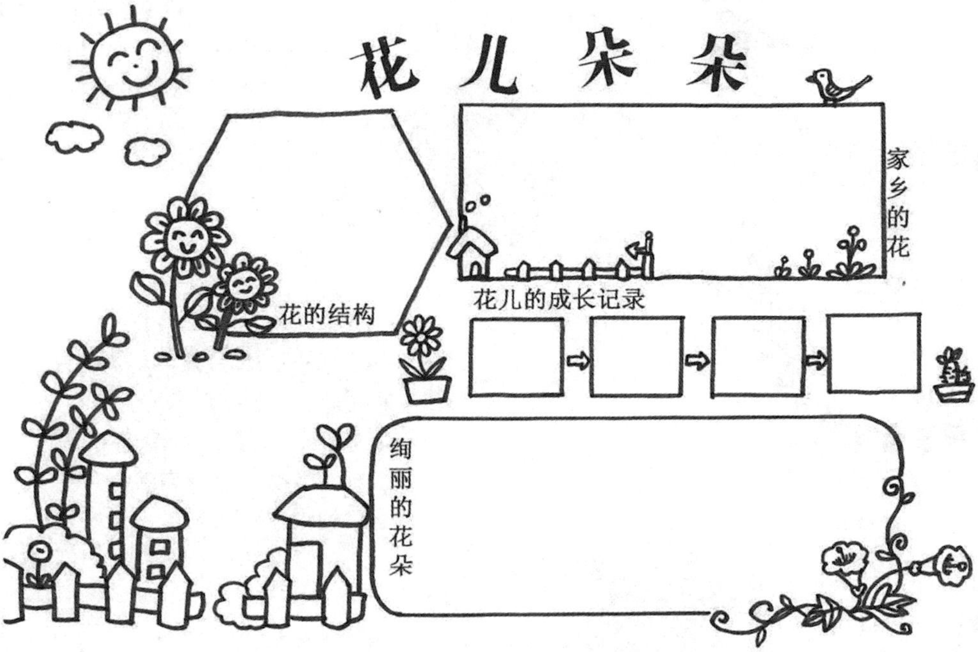

图 3–2 主题墙设计建议

1. 花的成长记录：可放置幼儿在种植活动中，用图加文的形式观察记录的花儿的变化。

2. 绚丽的花朵：幼儿在主题活动中创作的各种绘画、手工作品。

3. 花的结构：各种各样不同的花朵图片，让幼儿感知花的多样性。

4. 家乡的花：幼儿用照片记录身边的花朵。

5. 主题墙的边框可用卡纸或纸箱装饰，和幼儿共同创作出半立体的作品。

二、家园栏

1. 卫生保健：教孩子学会七步洗手法。

2. 教育在线：如何与孩子一起阅读绘本。

3. 教育教学计划：月和周教学工作计划表。

4. 温馨提示：班级事务，需家长配合的工作等。

5. 好书推荐：《彩虹色的花》《七色花》《好饿的毛毛虫》

三、室内区域设计

1. 阅读区：投放关于春天花卉的图片，绘本，如《彩虹色的花》《好饿的毛毛虫》等。

2. 美工区：幼儿散步时收集的落花、落叶、花枝等，作为区域活动材料；提供拓印、剪纸、折纸等材料，让幼儿制作各式各样的花。

3. 建构区：为幼儿提供搭建花园美景的积木和辅助材料。

4. 表演区：提供春天里的自然花束、树叶供幼儿表演。

5. 生活区：提供各式各样的花。

四、户外区域设计

1. 运动区：投掷材料（沙包、竹筐，墙面狐狸卡通画，地面不同水平距离设置标志线）；大小皮球；轮胎、梯子、凳子、纸筒、软性环、呼啦圈、铁环、毽子等。

2. 种植区：种植各种应季蔬菜、瓜果。

3. 建构区：各种不同大小纸盒、积木等。

4. 大型组合运动器械。

五、大环境氛围营造

1. 可和孩子一起采摘春天的野花并养在矿泉水瓶子里，摆放在教室。

2. 可用幼儿手工制作的吊饰装饰走廊、教室。

3. 可将幼儿编制的花环等立体作品摆放在教室外的墙根，或者将垂柳吊在室内的天花板上。

工作计划表

月教学工作计划表

<table>
<tr><td>主题名称</td><td colspan="2">花儿朵朵</td></tr>
<tr><td>主题目标</td><td colspan="2">1.喜欢在户外环境中活动,乐于亲近大自然,喜欢观看大自然中的花、草、树等。
2.认识幼儿园和周边环境里的花儿,能注意并发现花儿是多种多样的。
3.对花儿充满兴趣,能发现花儿的明显特征,乐意与同伴交流自己的发现。
4.喜欢用笔涂涂画画自己看到的花儿,尝试用不同的材料和艺术形式表达自己对花儿的理解。
5.感知花儿的不同形状,区分花儿的大小、多少,花枝的长短等方面的特点,并能用相应的词表达。能手口一致地点数五朵以内的花儿。
6.能爱护花儿,不随意摘花。</td></tr>
<tr><td>环境创设</td><td colspan="2">1.创设主题墙“花儿朵朵”。
2.阅读区:投放关于春天花卉的图片、绘本。
3.美工区:幼儿散步时收集的落花、落叶、花枝等,作为区域活动材料;提供拓印、剪纸、折纸等材料,让幼儿制作各式各样的花。
4.建构区:为幼儿提供搭建花园美景的积木和辅助材料。
5.表演区:提供春天里的自然花束、树叶供幼儿表演。
6.生活区:提供各式各样的花。</td></tr>
<tr><td>家园共育</td><td colspan="2">1.请家长带领幼儿到郊外、花园观察各式各样的花,丰富孩子对春季花卉的了解和认识。
2.请家长多带孩子去户外感受大自然的美,观察开花的植物。</td></tr>
<tr><td>安全教育</td><td colspan="2">1.不要在家中、阳台、楼道里玩火。
2.爱护植物,不随意摘花。</td></tr>
<tr><td rowspan="5">集体活动</td><td>活动名称</td><td>活动准备</td></tr>
<tr><td>健康领域:
1.我不上你的当
2.护送康乃馨
3.投花肥
4.送花朵回家</td><td>1.《我不上你的当》儿歌、视频。
2.桌椅、玩具柜、手工康乃馨花。
3.花盆、塑料桶、沙包(花肥)若干,平衡木、篮子。
4.自制花朵、圈、铃鼓、音乐、拱门、斜坡。</td></tr>
<tr><td>语言领域:
1.当春天来临
2.蝴蝶找花
3.美丽的花
4.嘀嘀哒哒牵牛花</td><td>1.《当春天来临》绘本、PPT。
2.故事《蝴蝶找花》;红、黄、蓝小蝴蝶若干,红、黄、蓝花朵各一朵;音乐《蝴蝶飞》。
3.PPT。
4.卡纸做的太阳、小青虫、绘本中的几种花。</td></tr>
<tr><td>社会领域:
1.逛花园
2.康乃馨之语
3.花儿朵朵我不摘
4.鲜花在哪儿买</td><td>1.提前了解幼儿园内花园的状况。
2.康乃馨图片、音乐《世上只有妈妈好》、视频《宝宝出生了》、小时候图片。
3.花儿盛开、枯萎图片,公园图片;一朵鲜花,一个盆栽。
4.小熊手偶、鲜花图片或模型、桌椅、环保袋。</td></tr>
<tr><td>艺术领域:
1.油菜花开
2.玛薇(音乐欣赏)
3.花儿朵朵开
4.美丽的脐橙花</td><td>1.油菜花实物;画好油菜花枝干的画纸、黄色颜料、湿毛巾。
2.音乐《玛薇》、索玛花图片、铃鼓、三角铁。
3.盘子、水粉颜料、蔬果(藕、青菜梗、芹菜梗、花菜)切面、鲜花盛开的花园图片。
4.脐橙花视频、图片、儿歌谱子。</td></tr>
</table>

续表

	科学领域： 1.脐橙花开 2.小蜜蜂搬家 3.彩色的花 4.神奇的花朵	1.开花的脐橙树（幼儿园内）、脐橙花开的过程视频及图片。 2.海报纸（五层楼）、小蜜蜂图片、数字卡、胶棒、彩笔。 3.红、黄、绿纸花以及花瓶，纸杯做成各种颜色的花心、不同颜色花瓣。 4.花园图片、PPT、花的构造图片。
游戏活动	活动名称	材料准备
	区域游戏： 1.阅读区：寻找绘本里的花、七色花、好饿的毛毛虫、关于花的绘本故事 2.美工区：撕面条、手指点花、拓印花、小花园、美丽的小花园、我的小花园 3.科学区：神奇的颜色宝宝、观察菊花、对对碰 4.生活区：拉衣服拉链、穿珠子 5.建构区：搭建花园、拼小花、花儿朵朵、玩雪花片 6.表演区：花与蝴蝶	1.绘本《彩虹色的花》《七色花》《好饿的毛毛虫》。 2.纸、颜料（三种色彩）、彩纸、橡皮泥、剪刀、胶棒。 3.点数卡（1～10）、雪花片、积木、颜色卡纸，盆栽。 4.衣服、珠子。 5.积木、雪花片。 6.音乐、头饰。
	户外游戏： 1.切西瓜 2.老鹰捉小鸡 3.动物爬爬爬 4.橙花朵朵开 5.吹泡泡 6.丢手绢 7.网小鱼 8.钻山洞 9.保护森林 10.彩虹伞 11.大风吹 12.老狼老狼几点了 13.丢沙包 14.老鹰抓小鸡 15.警察抓小偷 16.抓尾巴	1.场地。 2.宽敞平坦的活动区，鸡妈妈、老鹰的头饰，鸡宝宝胸饰若干。 3.各种小动物头饰，宽敞的活动场地。 4.场地。 5.泡泡水，背景音乐《吹泡泡》。 6.小手绢一块，宽阔平坦的活动场地。 7.教师提前布置活动的场所，小猫的头饰，小鱼卡片，几十个夹子。 8.拱门、了解火车钻山洞、音乐。 9.外婆头饰一个，音乐。 10.彩虹伞、音乐。 11.风的音乐。 12.宽敞的场地。 13.沙包。 14.场地。 15.音乐《愤怒的小鸟》《警车鸣声》，宽阔、平坦的户外大操场，场地外侧分散放置塑料圈，每侧放置两个圈，为警察和小偷的家。 16.彩色布条、平整的场地、音乐。
生活活动	1.提醒幼儿准确找到自己的水杯。 2.提醒孩子饭前使用肥皂洗手。 3.不在厕所打闹；喝水时不接太多，节约水资源。 4.提醒幼儿排队。	
建议	1.利用周末开展亲子郊游活动。 2.春季是传染病的高发季节，引导幼儿做好卫生防护工作。 3.小班幼儿喜欢重复，而且也需要重复，每本图画书都可以反复读，每个故事都可以反复讲，游戏也可以反复玩。为了多提供教学资源才每天安排不同的内容，在实际使用时，可根据幼儿兴趣，重复进行。	

续表

第一周教学工作计划表

<table>
<tr><td colspan="2">本周工作重点</td><td colspan="5">1.引导幼儿了解自我保护常识,不跟陌生人走。
2.引导幼儿了解春天的特征,认识春天的花。
3.引导幼儿学习用普通话交流对春天的感受。
4.引导幼儿学习手指点画,体会点画活动的快乐。</td></tr>
<tr><td colspan="2">本周生活活动重点</td><td colspan="5">1.饮食习惯:会主动喝水,吃餐点、饮水时能按需取用,不浪费。
2.卫生习惯:饭前便后会主动洗手,能正确洗手,节约用水,按需取纸。
3.睡眠习惯:能坚持午睡,睡姿正确,安静入眠;早醒时能保持安静,不影响别人。
4.自理能力:在教师的帮助下能有顺序地脱衣裤、鞋袜,放在指定的地方。</td></tr>
<tr><td></td><td>内容</td><td>星期一</td><td>星期二</td><td>星期三</td><td>星期四</td><td>星期五</td></tr>
<tr><td rowspan="2">上午</td><td>集体活动</td><td>健康
我不上你的当</td><td>语言
当春天来临</td><td>社会
逛花园</td><td>科学
脐橙花开</td><td>艺术
油菜花开</td></tr>
<tr><td>游戏活动</td><td>建构区
搭建花园</td><td>科学区
神奇的颜色宝宝</td><td>生活区
拉衣服拉链</td><td>阅读区
寻找绘本里的花</td><td>美工区
撕面条</td></tr>
<tr><td>下午</td><td>游戏活动</td><td>切西瓜</td><td>老鹰捉小鸡</td><td>动物爬爬爬</td><td>橙花朵朵开</td><td>吹泡泡</td></tr>
<tr><td>备注</td><td colspan="6">绘本:图画书《彩虹色的花》。(建议每天餐前阅读一遍)
每天至少安排一段固定的读故事时间,使之成为一种习惯。在开始朗读之前,一定要提一下书名、作者与图画作者。(不论你已经读过这本书多少次了)</td></tr>
</table>

幼儿园班级日教学工作计划表

班级：　　　　第一周　　　　星期一　　　　教师：

时间	环节、内容及指导要点
8:30—9:00	晨检：教师与幼儿热情问候，同时观察幼儿情绪，检测幼儿体温，做好晨检记录。 晨间活动：娃娃家。
9:00—10:00	户外活动： 在幼儿园的花园散步。
10:00—10:20	生活活动：按需喝水。
10:20—10:40	集体活动：我不上你的当。 主要领域：健康。 活动目标： 1.了解一些自我保护的常识，知道不能轻信陌生人的话。 2.树立初步的防范意识。 活动准备：《我不上你的当》儿歌、视频。 活动过程： 1.欣赏儿歌《我不上你的当》，知道我们不能轻信陌生人的话。 (1)播放《我不上你的当》的音乐，幼儿欣赏。 (2)教师提问：小朋友们在儿歌中听到了什么？ 2.教师用情境故事的口吻讲述儿歌内容。 3.情境演练。 (1)教师借故离开教室。助教扮演陌生人出场。陌生人通过各种方式引诱孩子离开教室。 (2)教师在幼儿即将和陌生人离开教室时出现，陌生人离开。 师：刚才你们想去什么地方？你们认识那位叔叔吗？ (3)讨论：和陌生人走，会怎样？ 4.教师小结：陌生人里有好人也有坏人。我们分不清陌生人是好人还是坏人，所以我们一定不要和陌生人走。 5.活动延伸：舞蹈《我不上你的当》。 （本教案由凉山州雷波县幼儿园洪帆提供）
10:40—11:20	区域活动：建构区“搭建花园”。 区域目标： 1.遵守进区规则。 2.乐于使用材料自由搭建。 指导策略： 1.在幼儿园的小花园散步，感知花园的结构。 2.为彩虹花搭建家园。
11:20—11:45	生活活动：如厕、盥洗。 餐前活动：阅读绘本《彩虹色的花》。
11:45—12:15	我会用勺子。
12:15—12:30	睡前故事《不跟陌生人走》。
12:30—14:30	午睡：安静睡觉，不哭闹。
14:30—15:00	起床整理：小拖鞋，放整齐。
15:00—15:15	点心：排队取点心。

续表

时间	环节、内容及指导要点
15:15—16:00	户外活动:切西瓜。 游戏目标: 1.体验在游戏中奔跑、追逐的乐趣。 2.具备一定的反应能力,能够根据指令做出反应。 游戏准备:场地。 游戏方法: 1.带领孩子做热身运动。 2.幼儿围成圆圈,师幼共同有节奏地念儿歌:“切、切、切西瓜。我们的西瓜香又甜,要吃西瓜切开来。”与此同时,教师边走边有节奏地在幼儿拉手处做切西瓜状。儿歌念完时,教师的手停留在哪两位小朋友中间,哪两位小朋友就把手放开,拉着其余小朋友的手往圆心跑,表示西瓜被切开了。此时,大家做吃西瓜状,游戏继续。 游戏进行若干次后,可由幼儿来切西瓜。 3.放松活动。
16:00—16:10	提醒幼儿和爸爸妈妈有序离园。
反思及调整	

幼儿园班级日教学工作计划表

班级：　　第一周　　星期二　　教师：

时间	环节、内容及指导要点
8:30—9:00	晨检：为幼儿测量体温，检查幼儿所带物品，并做好记录。 晨间活动：幼儿自选区域。
9:00—10:00	户外活动： 1.散步，介绍体育活动器械。 2.体育锻炼：做早操、集体游戏"开火车"、自由游戏(运动区)。 3.整理：放松运动，排队回教室。
10:00—10:20	生活活动：按需喝水。
10:20—10:40	集体活动：当春天来临。 主要领域：语言。 活动目标： 1.通过欣赏故事，感受春天的季节特征。 2.愿意在同伴面前表达自己对春天的感受。 3.培养热爱大自然，热爱春天的情感。 活动准备：《当春天来临》绘本、PPT。 活动过程： 1.出示封面，引导幼儿观察，激发幼儿的兴趣。 从封面的图片上你们看到了什么？你们觉得这是什么季节？ 2.欣赏幻灯片，了解故事情节。 (1)幻灯片一：树木的变化。 请小朋友看一看，春天到了，树木有什么变化。 (2)幻灯片二：冰雪融化。 猜一猜如果当春天来临，小雪人会变成什么？ (3)幻灯片三：草和种子有了什么变化？ (4)幻灯片四：阳光和雨水。 你发现春天给我们带来了什么？ (5)幻灯片五：花园的变化。 冬天和春天的花园有什么不一样呢？ (6)幻灯片六：春天美丽的景色。 这几幅图告诉我们，春天里都有些什么？ 3.完整欣赏绘本，了解春天的季节特征。 这个绘本有趣吗？你们觉得哪里很有趣？ 4.总结：帮助幼儿梳理春天的季节特征。 5.活动延伸： 带幼儿到户外去寻找春天。 将绘本投放到图书区。 (本教案由凉山州雷波县幼儿园何飘雪提供)
10:40—11:20	区域活动：科学区"神奇的颜色宝宝"。 区域目标： 1.遵守入区规则。 2.鼓励幼儿大胆尝试。 指导策略： 1.引导幼儿感知两种颜色融合后变出新颜色。 2.引导幼儿探索颜色变化的规律。

续表

时间	环节、内容及指导要点
11:20—11:45	餐前活动:手指游戏“猴子荡秋千”。
11:45—12:15	午餐:安静地进餐,不把饭粒撒在桌面。
12:15—12:30	餐后活动:散步。
12:30—14:30	午睡:睡前解便,睡觉时不趴着睡。
14:30—15:00	起床整理:学习自己穿外套。
15:00—15:15	点心:排队取点心。
15:15—16:00	户外活动:老鹰捉小鸡。 游戏目标: 1.学习侧身跑,能较灵活地躲闪。 2.具有初步的团体意识和责任意识。 游戏准备:宽敞的户外场地,鸡妈妈、老鹰的头饰,鸡宝宝的胸饰。 游戏玩法: 1.一名幼儿扮演老鹰,一名幼儿扮演鸡妈妈,其他幼儿依次拉住前一名幼儿的衣服排成一队。 2.游戏开始后,老鹰面对鸡妈妈在队伍两侧跑动,伺机抓鸡妈妈身后的小鸡,鸡妈妈张开双臂阻挡老鹰以保护小鸡不被抓到。 3.若小鸡被抓到则站到场外等候。跑动中,老鹰不可抓蹲下的小鸡。
16:00—16:10	离园整理。
反思及调整	

幼儿园班级日教学工作计划表

班级：　　　　第一周　　　　星期三　　　　教师：

时间	环节、内容及指导要点
8:30—9:00	晨检：测体温，看神色，问情况，查异物，做记录。 晨间活动：幼儿自选区域游戏，重点观察区域活动中幼儿的分享行为。
9:00—10:00	户外活动： 1.检查服装，散步，介绍呼啦圈。 2.体育活动：热身、小动物模仿操、集体游戏“吹泡泡”、自由游戏（投掷区，教师观察指导，注意活动安全）。 3.整理：引导幼儿将呼啦圈放回原位，放松，排队回教室。
10:00—10:20	生活活动：接水时杯口对准水龙头，不浪费。
10:20—10:40	集体活动：逛花园。 主要领域：社会。 活动目标： 1.了解花园里的常见花的名称、开放情况及花的基本特征。 2.遵守参观的注意事项，做到文明参观。 活动准备：提前了解幼儿园内花园的状况，做好参观前的准备。 活动过程： 1.谈话活动，引出参观花园。 2.介绍参观花园的注意事项，明确幼儿的参观重点。 3.带领幼儿参观花园，请幼儿观察花园里花的开放情况及花的基本特征。（颜色、外形、味道等） 4.回到教室，幼儿分享参观后的感受。 （本教案由宜宾市江安县淯江幼儿园胡依婷提供）
10:40—11:20	区域活动：生活区“拉衣服拉链”。 区域目标：初步掌握穿拉链衣物的方法，培养自我服务能力。 指导策略： 1.引导幼儿自由尝试拉拉链。 2.师幼共同讨论拉拉链的方法。 3.让幼儿反复尝试练习。
11:20—11:45	生活活动：排队洗手，提醒幼儿不推挤。 餐前活动：手指游戏“种豆”。
11:45—12:15	午餐：提醒幼儿进餐时保持正确的坐姿。
12:15—12:30	餐后活动：散步，提示幼儿慢慢走，不剧烈运动。
12:30—14:30	午睡：引导幼儿安静入睡，重点观察入睡难的幼儿。
14:30—15:00	起床整理：引导幼儿自己穿鞋，整理自己的衣物。
15:00—15:15	点心：介绍点心，引导幼儿排队自取点心。
15:15—16:00	户外活动：动物爬爬爬。 游戏目标：探索爬的不同方法，提高动作的协调性。 游戏准备：平坦宽阔的活动场地，各种小动物头饰。 游戏玩法： 1.热身运动，重点对膝盖、腿、手进行活动。 2.幼儿自由模仿小动物爬行。（鼓励幼儿大胆爬，尝试与别人不一样的爬法） 3.部分幼儿介绍自己的爬行动作，其余幼儿模仿。 4.放松运动。
16:00—16:10	1.离园整理：整理书包及个人物品。 2.离园安全教育。
反思及调整	

幼儿园班级日教学工作计划表

班级：　　　　第一周　　　　星期四　　　　教师：

时间	环节、内容及指导要点
8:30—9:00	晨检:测体温,观察幼儿,检查幼儿所带物品,做好记录。 晨间活动:幼儿自选区域,重点观察阅读区幼儿的阅读习惯。
9:00—10:00	户外活动: 1.检查服装,散步,观察运动场地地面的标识。 2.体育活动:热身、韵律操、集体游戏“开火车”、自由游戏(平衡区)。 3.整理:放松,排队回教室。
10:00—10:20	生活活动:节约用水。
10:20—10:40	集体活动:脐橙花开。 主要领域:科学。 活动目标: 1.对脐橙花感兴趣,能仔细观察脐橙花,发现其基本特征。 2.结合生活经验,了解脐橙花开的过程。 活动准备:开花的脐橙树(幼儿园内)、脐橙花开的过程视频及图片。 活动过程: 1.参观园内的脐橙花,鼓励幼儿看一看、闻一闻脐橙花。 2.师幼讨论脐橙花的基本特征,如颜色、形状、味道等。(花瓣洁白,一般为五瓣,花蕊淡黄,花柱粗长,香气淡雅略有苦味) 3.播放脐橙花开的过程视频,让幼儿了解其由花苞至凋谢的过程。(花苞→微开→半开→盛开→花落,整个花期较短) 4.活动延伸,回家路上观察果园的脐橙花开到了哪一个阶段,用画画的方式记录下来并分享。 (本教案由凉山州雷波县幼儿园罗隐提供)
10:40—11:20	区域活动:阅读区“寻找绘本里的花”。 区域目标:认识各种各样的花。 指导策略: 1.引导幼儿随机挑选并仔细阅读绘本,寻找里面关于花的内容。 2.引导幼儿根据画面内容猜想故事情节,并尝试和同伴交流讲述。
11:20—11:45	生活活动:提醒幼儿洗手后要用干毛巾擦拭。 餐前活动:手指游戏“猴子荡秋千”。
11:45—12:15	午餐:提醒幼儿进餐时右手拿勺、左手扶碗。
12:15—12:30	餐后活动:散步,提示幼儿慢慢走,不剧烈运动。
12:30—14:30	午睡:引导幼儿安静入睡,幼儿午休过程中加强巡视。
14:30—15:00	起床整理:引导幼儿自己穿衣裤,教师适时协助。
15:00—15:15	点心:介绍点心包装,引导幼儿自取点心。
15:15—16:00	户外活动:橙花朵朵开。 游戏目标:培养应变能力,增强合作意识。 游戏准备:平坦宽阔的活动场地。 游戏玩法: 1.组织幼儿围成圆走动。 2.带领幼儿有节奏地进行儿歌问答“橙花朵朵开,开几朵,开两朵”,当师念到数字几(1~3),幼儿则快速根据数字组团。 3.游戏反复进行,幼儿熟悉规则后,可适量加大数字。
16:00—16:10	1.离园整理:整理书包及个人物品。 2.提醒幼儿周五是玩具分享日。
反思及调整	

幼儿园班级日教学工作计划表

班级：　　　　第一周　　　　星期五　　　　教师：

时间	环节、内容及指导要点
8:30—9:00	晨检：检查幼儿所带物品，做好记录。 晨间活动：玩具分享。（鼓励幼儿大胆向同伴介绍自己玩具的玩法，需要交换玩具时能主动交流，爱惜玩具）
9:00—10:00	户外活动： 1.散步：观赏幼儿园内的各种花朵。 2.体育锻炼：入场、热身、韵律操、器械操、放松、整理。
10:00—10:20	生活活动：幼儿自主取水，少量多次。
10:20—10:40	集体活动：油菜花开。 主要领域：艺术。 活动名称：油菜花开。 活动目标： 1.通过观察了解油菜花的主要特征。 2.学习用手指点画的方法画油菜花。 活动准备： 1.油菜花实物。 2.画好油菜花枝干的画纸、黄色颜料、湿毛巾。 活动流程： 1.教师出示油菜花实物，幼儿观察。 提问：(1)你认识这种花吗？叫什么名字？(2)它是什么颜色的？(3)它的枝干有一根还是很多根分枝？(4)花朵是怎么排列在枝干上的呢？ 2.教师示范手指点画油菜花的方法。 师：伸出食指，在颜料盘里蘸上颜料，再把颜料印到枝干上，完成后用湿毛巾擦干净手指。 3.幼儿自主操作，教师巡回指导。 4.展示幼儿作品，师幼共同欣赏。 （本教案由凉山州雷波县幼儿园杨娅娟提供）
10:40—11:20	区域活动：美工区“撕面条”。 区域目标：锻炼手部肌肉，提高手部动作的协调性。 指导策略：引导幼儿尽量将面条撕得又细又长，鼓励能力较弱的幼儿大胆尝试，游戏结束时提醒幼儿整理区域，养成良好的卫生习惯。
11:20—11:45	生活活动：盥洗，提示幼儿排队时不推挤。 餐前活动：欣赏故事《小兔乖乖》。
11:45—12:15	午餐：提醒幼儿餐后主动擦嘴，将碗勺放到指定位置。
12:15—12:30	餐后活动：散步。
12:30—14:30	午睡：巡视幼儿午睡情况，重点观察难入睡的幼儿，发现异常及时处理。
14:30—15:00	起床整理：帮助和鼓励幼儿自己穿衣叠被，检查幼儿衣着是否整齐。
15:00—15:15	点心：教师向幼儿介绍点心，组织幼儿有序自取点心。
15:15—16:00	户外活动：吹泡泡。 游戏目标：练习踮脚、下蹲、后跳动作，体验和同伴游戏的乐趣。 游戏准备：泡泡水，背景音乐《吹泡泡》。 游戏玩法：教师带领幼儿围成一个圆圈并站在中间念儿歌，念到泡泡飞高了时带领幼儿做踮脚双手向上举的动作，念到泡泡飞低了时做下蹲抱膝的动作，念到泡泡破了时向后跳。
16:00—16:10	离园整理：帮助幼儿收拾整理自己的个人物品，做好离园准备。
反思及调整	

第二周教学工作计划表

<table>
<tr><td colspan="2">本周工作重点</td><td colspan="5">1. 引导幼儿认识幼儿园和周边环境里的花儿,能注意并发现花儿是多种多样的。
2. 引导幼儿学习用颜料拓印的方法,体验拓印的美。
3. 帮助幼儿明白能够通过送花表达爱意。</td></tr>
<tr><td colspan="2">本周生活活动重点</td><td colspan="5">1. 饭前饭后不剧烈运动,剧烈运动后稍休息再喝水,喝水后把杯子放回原位,饭后漱口、擦嘴。
2. 正确洗手,会正确使用水龙头,用小流水洗手,节约用水。
3. 安静午睡,睡姿正确;有顺序地脱衣裤,放在指定的地方。
4. 在教师的帮助下学习穿衣裤、鞋子,会拉拉链。</td></tr>
<tr><td></td><td>内容</td><td>星期一</td><td>星期二</td><td>星期三</td><td>星期四</td><td>星期五</td></tr>
<tr><td rowspan="2">上午</td><td>集体活动</td><td>语言
蝴蝶找花</td><td>社会
康乃馨之语</td><td>科学
小蜜蜂搬家</td><td>艺术
玛薇(音乐欣赏)</td><td>健康
护送康乃馨</td></tr>
<tr><td>游戏活动</td><td>表演区
花与蝴蝶</td><td>美工区
手指点花</td><td>美工区
拓印花</td><td>科学区
观察菊花</td><td>阅读区
七色花</td></tr>
<tr><td>下午</td><td>游戏活动</td><td>丢手绢</td><td>网小鱼</td><td>钻山洞</td><td>保护森林</td><td>彩虹伞</td></tr>
<tr><td>备注</td><td colspan="6">图书《彩虹色的花》《好饿的毛毛虫》。(建议每天餐前阅读)
朗读要领:
在开始朗读之前,一定要提一下书名、作者与图画作者。
朗读绘本时,让小朋友围成半圆,教师要坐得稍微高一些,好让后排的孩子能看到图画,而不会被其他幼儿挡住视线。</td></tr>
</table>

幼儿园班级日教学工作计划表

班级：　　　　第二周　　　　星期一　　　　教师：

时间	环节、内容及指导要点
8:30—9:00	晨检：测体温、剪指甲，观察幼儿，检查幼儿所带物品，做好记录。 晨间活动：幼儿自选区域、自选材料进行游戏。
9:00—10:00	户外活动： 1.散步：观察植物角，照顾植物。 2.体育锻炼：入场、热身（跑步）、韵律操、器械操、放松、整理。
10:00—10:20	生活活动：我会洗手。
10:20—10:40	集体活动：蝴蝶找花。 主要领域：语言。 活动目标： 1.安静倾听故事，进一步认识红、黄、蓝三种颜色。 2.大胆表述自己的想法。 3.积极参与游戏，能按颜色进行对应。 活动准备： 1.故事：《蝴蝶找花》。 2.红、黄、蓝小蝴蝶若干，红、黄、蓝花朵各一朵。 3.音乐：《蝴蝶飞》。 活动过程： 1.出示蝴蝶，引出故事。 师：这是谁？是什么颜色的？ 师：三只美丽的蝴蝶要到花园去，它们会去干什么呢？我们一起听一听。 2.教师手拿蝴蝶讲述故事。 3.游戏：蝴蝶找花。 每位幼儿拿一只小蝴蝶，音乐响起时，跟随教师做蝴蝶飞的动作。音乐停止时，找到与自己颜色对应的花朵。 （本教案由凉山州雷波县幼儿园日什日洛提供）
10:40—11:20	区域活动：表演区“花与蝴蝶”。 区域目标：跟随音乐做花开和蝴蝶飞舞的动作，能根据对应颜色结伴游戏。 指导策略：鼓励幼儿跟随音乐大胆表现和进行动作创编，提示幼儿根据颜色找到同伴共同游戏。
11:20—11:45	生活活动：我不挑食。 餐前活动：音乐律动“小手拍拍”。
11:45—12:15	午餐：介绍食物，提醒幼儿注意细嚼慢咽。
12:15—12:30	餐后活动：在种植园散步，引导幼儿观察植物的变化。
12:30—14:30	午睡：尝试自己脱衣服、鞋子，安静入睡。
14:30—15:00	起床整理：尝试自己穿鞋。
15:00—15:15	点心：学会取点心。
15:15—16:00	户外活动：丢手绢。 游戏目标：练习追逐跑，提高幼儿身体协调能力。 游戏准备：手绢、开阔的场地。 游戏玩法：幼儿围坐成一个圈，边拍手边念儿歌，一名幼儿拿手绢绕圆圈走，幼儿将手绢放在谁的后面谁就拿起手绢在后追赶，被追的幼儿要跑到空位上坐下，若被追上则由该名幼儿继续丢手绢。
16:00—16:10	离园整理：整理小书包。
反思及调整	

幼儿园班级日教学工作计划表

班级:　　　　第二周　　　　星期二　　　　教师:

时间	环节、内容及指导要点
8:30—9:00	晨检:测量体温,检查幼儿所带物品,做好记录。 晨间活动:自选区域游戏。
9:00—10:00	户外活动: 1.散步,观察户外运动区。 2.体育活动:热身、韵律操"我爱洗澡"、集体游戏"网鱼"、自由游戏(攀爬区,教师观察幼儿,注意安全防护)。 3.整理,回教室。
10:00—10:20	生活活动:不打湿衣袖。
10:20—10:40	集体活动:康乃馨之语。 主要领域:社会。 活动目标: 1.初步了解宝宝的出生,了解妈妈的辛苦。 2.知道康乃馨是送给妈妈的花,了解不同颜色康乃馨的花语。 3.大胆表达对妈妈的情感。 活动准备:康乃馨图片、音乐《世上只有妈妈好》、视频《宝宝出生了》、小时候图片。 活动过程: 1.导入:分别出示教师现有生活照、小时候照片,请幼儿猜一猜图片中的人是谁。 师:孩子们,你们知道你们是怎么来到这个世界上的吗? 2.播放视频《宝宝出生了》。 师:看了这个视频,你们有什么感受? 3.请幼儿说一说妈妈为自己做过的难忘的事。 4.播放不同颜色康乃馨图片,介绍康乃馨的花语。 师:妈妈为我们做了那么多事,我们要怎么感谢妈妈? 有一种花叫康乃馨,我们可以把它送给妈妈,一起来看一看吧! 5.随音乐齐唱《世上只有好妈妈》。 (本教案由凉山州雷波县幼儿园伍平提供)
10:40—11:20	区域活动:美工区"手指点花"。 区域目标:用手指点画的方式点出花。 指导策略:指导幼儿正确点画和使用颜料。
11:20—11:45	餐前活动:手指游戏"小老鼠上灯台"。
11:45—12:15	午餐:安静用餐,吃东西细嚼慢咽。
12:15—12:30	餐后活动:看图书。
12:30—14:30	午睡:幼儿不趴睡、不蒙头睡。
14:30—15:00	起床整理:自己穿衣服,整理床铺。
15:00—15:15	点心:排队取点心。

续表

时间	环节、内容及指导要点
15:15—16:00	区户外活动:网小鱼。 游戏目标: 1.培养手眼协调能力、平衡能力。 2.体验游戏的快乐。 游戏准备: 1.教师提前布置活动的场所,小猫的头饰,小鱼卡片。 2.几十个夹子。 游戏玩法:在地上圈定一个区域,选几个孩子当鱼,在衣服上夹上十几个夹子代表鱼鳞,其他幼儿当渔夫。游戏开始,鱼儿可以跑出圈外,这时大家可以去追鱼并设法取下衣服上的夹子,当鱼儿回到圆圈里就不能取夹子了,直到鱼儿身上的夹子取完,游戏结束,取下夹子最多的就是胜利者。
16:00—16:10	离园整理衣物。
反思及调整	

幼儿园班级日教学工作计划表

班级：　　　　　　第二周　　　　　　星期三　　　　　　教师：

时间	环节、内容及指导要点
8:30—9:00	晨检:测量体温,检查幼儿所带物品,做好记录。 晨间活动:幼儿自选区域游戏。
9:00—10:00	户外活动: 1.散步,引导幼儿观察户外运动区。 2.体育活动:热身、韵律操“我爱洗澡”、集体游戏“丢沙包”、自主游戏(自主建构区,教师观察、指导,注意安全防护)。 3.放松整理。
10:00—10:20	生活活动:我不浪费水。
10:20—10:40	集体活动:小蜜蜂搬家。 主要领域:科学。 活动目标: 1.指出一排物体(五以内)中任意一个物体是第几个。 2.感受帮助他人的乐趣,并从小养成乐于助人的好习惯。 活动准备:海报纸(五层楼)、小蜜蜂图片、数字卡、胶棒、彩笔。 活动过程: 1.导入:出示海报纸,请幼儿给不同的楼层贴上序号。 2.游戏:小蜜蜂搬家,幼儿把小动物图片贴在对应楼层上。 师:小蜜蜂搬新家啦,它要邀请好朋友一起到新家玩。 小猫住在一楼,请把小猫图片贴在第一层楼上。 小鸡住在三楼,请把图片贴在第三层楼上。 …… 小动物来到小蜜蜂家玩得非常开心。 3.游戏:送外卖。 师:为了感谢小动物们帮忙,小蜜蜂给它们订了外卖,可是送外卖的叔叔不知道小动物住在哪里,你能帮帮他吗? 外卖叔叔将礼物送到第三层,第三层住着谁? …… 4.小结:好朋友之间应该互相帮助。 (本教案由凉山州雷波县幼儿园祝康莉提供)
10:40—11:20	区域活动:美工区“拓印花”。 区域目标: 1.尝试用纸团大胆地进行操作活动。 2.通过印画,体验玩色活动带来的乐趣。 指导策略:帮助幼儿掌握拓印方法,清楚美工区域规则。
11:20—11:45	生活活动:排队洗手。 餐前活动(主要延伸区域活动):展示作品,点评作品。
11:45—12:15	午餐:安静就餐。
12:15—12:30	餐后活动:散步。

续表

时间	环节、内容及指导要点
12:30—14:30	午睡:睡前解便,安静午睡。
14:30—15:00	起床整理:学习整理被子。
15:00—15:15	点心:自取点心,按数取点心。
15:15—16:00	户外活动:钻山洞。 游戏目标: 1.会一个跟一个走,并遵守游戏规则。 2.感受游戏的乐趣。 游戏准备:拱门、了解火车钻山洞、音乐。 游戏玩法: 1.教师为火车头,幼儿依次拉前面幼儿的衣服往前走,听到“火车到站了”的口令后,即可自由走动。 2.火车继续开动,每人要迅速找到自己的位置,继续往前走。 3.钻山洞时要一个跟一个走,不推不挤。
16:00—16:10	离园整理。
反思及调整	

幼儿园班级日教学工作计划表

班级：　　第二周　　星期四　　教师：

时间	环节、内容及指导要点
8:30—9:00	1.晨检:测体温,检查是否带危险小物件。 2.幼儿自选区域游戏。
9:00—10:00	户外活动: 1.散步。 2.体育活动:热身、早操、集体游戏“网小鱼”、自主游戏(球类区)。 3.整理球类区,排队回教室。
10:00—10:20	生活活动:我会擦嘴巴。
10:20—10:40	集体活动:玛薇(音乐欣赏)。 主要领域:艺术。 活动目标: 1.感知音乐的优美旋律,能跟着音乐合拍地打节奏。 2.了解民族音乐的特色。 3.培养音乐节奏感,发展表现力。 活动准备:音乐《玛薇》、索玛花图片、奥尔夫乐器(铃鼓、三角铁)。 活动过程: 1.教师出示PPT(索玛花)。 师:小朋友们,认识这种花吗? 索玛花象征我们大凉山彝族人民的热情勇敢、真诚好客。 2.倾听音乐,感知音乐。 (1)欣赏歌曲《玛薇》(索玛花)。 师:小朋友听了这首歌,心里有什么感觉?(引导幼儿感受乐曲欢快的旋律) (2)师幼再次欣赏音乐。 3.拍打节奏。 (1)教师看到有小朋友跟着音乐快乐地拍手,我们一起学学吧。(引导幼儿一起打节拍) (2)教师出示索玛花图片,以四分音符为节奏粘贴在黑板上,用手随着音乐打节拍。 (3)带领幼儿以拍手形式打节拍。 4.分组展示。 (1)教师分两组发音乐器材(铃鼓、三角铁),分组打节拍,进行演示。 (2)交换乐器再次演示。 5.活动结束。 (本教案由凉山州雷波县幼儿园阿西阿支提供)
10:40—11:20	区域活动:科学区“观察菊花”。 区域目标:观察菊花的特征(花瓣、大小、颜色等),能用自己的方式进行记录。 指导策略: 1.引导幼儿仔细观察植物的特征。 2.引导幼儿用自己的方式记录下来。
11:20—11:45	生活活动:排队洗手。 餐前活动:手指游戏“会变的小手”。
11:45—12:15	午餐:安静进餐。
12:15—12:30	餐后活动:户外散步。

续表

时间	环节、内容及指导要点
12:30—14:30	午睡:协助幼儿整理,提醒幼儿保持良好睡姿,安静入睡。
14:30—15:00	起床整理:协助个别幼儿穿戴,如厕、盥洗、梳头。
15:00—15:15	点心:排队自取点心。
15:15—16:00	户外活动:保护森林。 游戏目标:发展跑的能力及灵敏性。 游戏准备:雪糕桶若干。 游戏玩法: 1. 创设情境,以雪糕桶为树木,将雪糕桶分散放置在一个范围内。 2. 将幼儿分成两组,一组迅速推倒雪糕桶(砍伐森林),另一组迅速将雪糕桶扶起(保护森林),两组幼儿交换角色再次玩要。
16:00—16:10	离园整理衣物。
反思及调整	

幼儿园班级日教学工作计划表

班级: 第二周 星期五 教师:

时间	环节、内容及指导要点
8:30—9:00	晨检:为幼儿测体温,观察幼儿身体是否异常、是否带危险物品入园。 晨间活动:自选区域游戏。
9:00—10:00	户外活动: 1.散步,观察植物的不同特征。 2.体育活动:热身、早操、集体游戏“抢板凳”、自主游戏。 3.收拾整理。
10:00—10:20	生活活动:组织幼儿分组如厕、喝水。
10:20—10:40	集体活动:护送康乃馨。 主要领域:健康。 活动目标: 1.练习钻、爬动作,发展灵活性。 2.在活动中探索闯关游戏的方法。 3.在游戏活动中感受快乐。 活动准备:桌椅、玩具柜、手工康乃馨花。 活动过程: 1.活动导入。 (1)热身运动。 (2)出示康乃馨,引起幼儿兴趣。 孩子们,看看老师手里的花,有小朋友认识吗?今天我们有一个小任务,就是把康乃馨送给自己的妈妈。 2.初步尝试,感受钻、爬动作要领。 花是很容易碰坏的,在送康乃馨的过程中,我们会遇到很多困难,瞧!前面就是我们要面临的困难。(让幼儿了解场地设置:巨人山洞、低矮的地道、消防通道) (1)幼儿尝试空手钻过设置的障碍。 (2)幼儿讨论:自己认为最难通过的地方是哪儿?用什么样的方法能护送康乃馨安全通过? 3.护送康乃馨。 (1)幼儿尝试拿康乃馨花钻过障碍。 (2)请幼儿分享成功钻过的好方法,感受成功感,对护花失败的幼儿给予鼓励,并分析问题在哪里及改进方法。 4.活动结束:放松活动。 (本教案由凉山州雷波县幼儿园潘阿衣提供)
10:40—11:20	区域活动:阅读区“七色花”。 区域目标: 1.了解故事内容。 2.培养乐于助人的品质。 3.能安静阅读,不影响他人。 指导策略: 1.引导幼儿了解故事内容,知道珍妮用七色花做了哪七件事。 2.教育幼儿做有意义的事。
11:20—11:45	生活活动:餐前盥洗准备。 餐前活动:使用七步洗手法洗手。

续表

时间	环节、内容及指导要点
11:45—12:15	午餐:爱惜粮食。
12:15—12:30	餐后活动:户外散步。
12:30—14:30	午睡。
14:30—15:00	起床整理。
15:00—15:15	点心:排队自取点心。
15:15—16:00	户外活动:彩虹伞。 游戏目标: 1.锻炼手指和手臂力量,增强抓握力。 2.提高身体的协调能力,体验玩游戏的乐趣。 游戏准备:彩虹伞、音乐。 游戏玩法:幼儿双手抓稳彩虹伞的边,教师第一声口哨响的时候轻轻地把彩虹伞往上举起来,第二声口哨响的时候就稳稳地把它放下压住,使彩虹伞变成一个面包形状,玩要次数可根据幼儿兴趣情况而定。 游戏玩法2:男宝宝一起抖动彩虹伞,女宝宝在伞下爬动起来,配班教师站在伞中央当大灰狼抓伞下的幼儿,交换再玩一次。
16:00—16:10	整理书包、离园。
反思及调整	

第三周教学工作计划表

本周工作重点	1. 帮助幼儿了解春天的特点。 2. 知道要爱护花草。 3. 教师带领幼儿收集自然材料，丰富区角游戏材料，会正确使用材料，学习归类整理区角材料。					
本周生活活动重点	1. 入、离园时能有礼貌地同教师、同伴、家长交流，会使用礼貌语“你好！再见！”。 2. 能愉快、独立进餐，细嚼慢咽，不挑食、不偏食，不过量进食。 3. 会正确洗手，洗手时不玩水，保持衣服、地面干燥清洁。 4. 会做力所能及的事，在教师帮助下能穿脱衣服、鞋袜，解便后会整理服装。					
	内容	星期一	星期二	星期三	星期四	星期五
上午	集体活动	社会 花儿朵朵我不摘	科学 彩色的花	艺术 花儿朵朵开	健康 投花肥	语言 美丽的花
	游戏活动	建构区 拼小花	科学区 对对碰	美工区 小花园	阅读区 好饿的毛毛虫	建构区 花儿朵朵
下午	游戏活动	大风吹	老狼老狼几点了	彩虹伞	丢沙包	老鹰抓小鸡
备注	绘本《彩虹色的花》《好饿的毛毛虫》。 小班幼儿喜欢重复，教师可反复给孩子阅读读过的绘本，复习学过的歌曲等。在固定的时间、固定的地点，做同样的事，建立生活的仪式感。每天餐前，可在新授儿歌、故事等活动前，重复阅读绘本、讲故事、念儿歌等。 朗读要领：重复朗读可预测情节发展的书时，偶尔在关键的词或句子上停下来，让孩子自己说出关键的内容。					

幼儿园班级日教学工作计划表

班级：　　　　第三周　　　　星期一　　　　教师：

时间	环节、内容及指导要点
8:30—9:00	晨检：检查幼儿体温。 晨间活动：自主游戏，晨间活动小结。
9:00—10:00	户外活动： 1.散步。 2.体育活动：热身、集体游戏“吹泡泡”、自主游戏（幼儿自由玩球，重点指导抛接球）。 3.整理，回教室。
10:00—10:20	生活活动：遵守排队秩序。
10:20—10:40	集体活动：花儿朵朵我不摘。 主要领域：社会。 活动目标： 1.知道植物也有生命，激发保护植物的情感。 2.能够爱护环境，不摘花，不踩草坪。 活动准备： 1.花儿盛开、枯萎图片，公园图片。 2.一朵鲜花，一个盆栽。 活动过程： 1.出示实物鲜花，谈话导入。 师：看看我手里是什么？ 2.观察。 (1)请幼儿观察它的颜色形状。 (2)闻一闻，摸一摸。 3.场景导入。 (1)师：你们在哪里见过它们？(出示公园边野花图片) (2)师：看到这些花，你们有什么感觉？ 小结：花让环境变更美，还让看花的人感到高兴。 (3)出示一朵枯萎的花。 师：这朵花怎么啦？你看到有什么感觉？ 小结：花离开自己的妈妈会很难过，而且会慢慢地枯萎、死去。所以不要摘花。 4.出示盆栽和被摘下的花。 师：哪朵花最开心？为什么？ 小结：植物和人一样有生命，最喜欢大地妈妈。我们要保护环境，不摘花，不踩草坪。 5.欣赏儿歌，结束活动。 6.活动延伸。 观察被摘下来的花和盆栽里的花的变化。 (本教案由凉山州雷波县幼儿园刘正丽提供)
10:40—11:20	区域活动：建构区“拼小花”。 区域目标： 1.遵守入区规则。 2.大胆介绍自己的作品。 指导策略： 1.丰富幼儿对花朵结构的认识。 2.引导幼儿突出花朵的主要特征。

续表

时间	环节、内容及指导要点
11:20—11:45	生活活动:排队盥洗,不推不挤。 餐前活动:我说你猜。
11:45—12:15	午餐。
12:15—12:30	餐后活动:散步。
12:30—14:30	午睡。
14:30—15:00	起床整理。
15:00—15:15	点心。
15:15—16:00	户外活动:大风吹。 游戏目标: 1. 乐于参与游戏活动。 2. 增强反应能力,能根据指令做出反应。 游戏准备:风的音乐。 游戏玩法: 1. 播放风的音乐进行导入:风姑娘最喜欢往小朋友的身上吹,风吹过你们的哪里呢?我们一起来玩游戏吧! 2. 说明游戏规则。 (1)游戏玩法:教师当风姑娘,教师说“大风吹”,幼儿问“吹哪里”,教师说吹哪儿,小朋友就用双手捂住哪儿。 (2)幼儿可以用手做掩护,充分发挥想象力。 3. 大风走,游戏结束。
16:00—16:10	离园整理。
反思及调整	

幼儿园班级日教学工作计划表

班级：　　　　第三周　　　　星期二　　　　教师：

时间	环节、内容及指导要点
8:30—9:00	晨检：检查幼儿衣兜是否携带危险品。 晨间活动：自选区域。
9:00—10:00	户外活动： 1.散步，观察花草树。 2.体育活动：热身、集体游戏“老鹰捉小鸡”、自主游戏（攀爬区）。 3.整理，回教室。
10:00—10:20	生活活动：便后要洗手，遵守排队秩序。
10:20—10:40	集体活动：彩色的花。 主要领域：科学。 活动目标： 1.按红、黄、绿三种颜色把花送到相对应的花瓶，尝试分类。 2.激发学习兴趣，体验制作花朵。 活动准备： 红、黄、绿纸花以及花瓶，纸杯做成各种颜色的花心、不同颜色花瓣。 活动过程： 1.提问导入。 师：小朋友们喜欢花吗？你们喜欢什么花？ 2.出示PPT图片中的各种花，让幼儿欣赏。 3.出示红、黄、绿纸花。 提问：花是什么颜色？你们喜欢什么颜色的花，这些花是用什么做的？ 4.出示红、黄、绿三种颜色的花瓶，送花回家。 提问：红/黄/绿色的花应该被送到什么颜色的花瓶？ 请幼儿按对应的颜色把花送回花瓶。（尝试按颜色分类） 5.花瓶里的花太少，激发幼儿去制作各种颜色的花。 出示纸杯做成的各种颜色的花心和花瓣，让幼儿根据花心颜色粘贴相对应的花瓣。 6.幼儿动手操作。 7.将做成的花按相应的颜色送回花瓶，展示作品。 （本教案由凉山州雷波县幼儿园莫阿牛提供）
10:40—11:20	区域活动：科学区“对对碰”。 区域目标： 1.遵守入区规则。 2.学习相近物品的分类，初步学会简单归类。 指导策略： 1.引导幼儿了解花的种类。 2.培养幼儿动手操作的兴趣。
11:20—11:45	生活活动：学习七步洗手法。 餐前活动：餐前礼仪。
11:45—12:15	午餐。

续表

时间	环节、内容及指导要点
12:15—12:30	餐后活动:散步。
12:30—14:30	午睡。
14:30—15:00	起床整理。
15:00—15:15	点心。
15:15—16:00	户外活动:老狼老狼几点了。 游戏目标: 1.锻炼听辨信号的能力。 2.激发对民间游戏的兴趣。 游戏准备:场地 。 游戏玩法: 1.师幼跟着音乐做准备活动。 2.玩游戏。 (1)师:孩子们,今天我们玩老狼老狼几点了的游戏。 (2)讲游戏方法:让幼儿认识老狼的家在哪儿,小兔子的家在哪儿,教师当老狼,在小兔子家的前面。游戏开始时,幼儿与老狼一同往前走,并齐声问:"老狼老狼几点了?"老狼回答:两点了。这样继续下去,直至老狼回答:天黑了时,幼儿就转身向家里跑,老狼追,但不得过小兔子的家,小兔子在自己家前被捉到为失败,要待在老狼家里,玩过几次,可另选出一人当老狼,游戏重新开始。 3.游戏结束:小兔子已经累了,我们放松一下。
16:00—16:10	离园整理。
反思及调整	

幼儿园班级日教学工作计划表

班级：　　　　第三周　　　　星期三　　　　教师：

时间	环节、内容及指导要点
8:30—9:00	晨检:检查幼儿体温是否正常。 晨间活动:桌面玩具。
9:00—10:00	户外活动: 1.散步,观察植物的不同颜色。 2.体育活动:热身、动物模仿操、韵律操“我爱洗澡”、集体游戏“老狼老狼几点了”、自主游戏(投掷区)。 3.整理,回教室。
10:00—10:20	生活活动: 1.能排队有序地进厕所。 2.能主动喝水。
10:20—10:40	集体活动:花儿朵朵开。 主要领域:艺术。 活动目标: 1.学习用蔬菜的横切面,蘸上颜料进行拓印,锻炼手眼协调能力。 2.对美术活动感兴趣,感受蔬菜拓印的乐趣。 活动准备:盘子、水粉颜料、蔬菜(藕、青菜梗、芹菜梗等)切面、鲜花盛开的花园图片。 活动过程: 1.欣赏导入。 师:春天到了,花园里的花开了。(鲜花盛开的花园图片)你们看到了什么花? 小结:春天的景象真美,小草发芽了,到处开满了五颜六色的花!今天老师给你们带来了一些新的材料,它们也可以变出美丽的花,我们一起来看一看。 2.介绍材料及操作方法。 (1)出示各种蔬菜,认识各种蔬菜的切面,让幼儿欣赏它们横切面的美丽。 (2)示范用不同的蔬菜拓印小花,让幼儿观察了解不同蔬菜拓印的效果。 (3)教师示范用棉签画小草。 (4)强调使用颜料的注意事项。 3.幼儿体验为自己的花园添画花朵,教师巡回指导。 4.作品欣赏与评价,在作品栏展示幼儿作品,请幼儿说说自己最喜欢哪一幅及理由。 (本教案由凉山州雷波县幼儿园邓玲娜提供)
10:40—11:20	区域活动:美工区“小花园” 区域目标: 1.制作不同种类的花。 2.培养动手能力。 指导策略: 1.引导幼儿认识需要用到的美工材料。 2.鼓励幼儿自己动手制作。
11:20—11:45	生活活动:七步洗手法。 餐前活动:手指游戏“黑猫警长”。

续表

时间	环节、内容及指导要点
11:45—12:15	午餐。
12:15—12:30	餐后活动:散步。
12:30—14:30	午睡。
14:30—15:00	起床整理。
15:00—15:15	点心。
15:15—16:00	户外活动:彩虹伞 游戏目标: 1.能保持注意力,专注游戏。 2.能控制手臂肌肉和手部肌肉动作,抖动彩虹伞。 游戏准备:场地、彩虹伞、海洋球 。 游戏玩法: 1.带领幼儿进行热身运动。 2.将彩虹伞铺开,沿着彩虹伞的边线玩走线游戏,听口令学高人走、矮人走、兔子跳、小鸭走等。 3.与幼儿一起将海洋球放置于伞内,跟随音乐带幼儿一起抓起伞边抖伞,提醒幼儿不要将球抖出伞外。
16:00—16:10	离园整理。
反思及调整	

幼儿园班级日教学工作计划表

班级：　　　　第三周　　　　星期四　　　　教师：

时间	环节、内容及指导要点
8:30—9:00	晨检：检查幼儿衣服、裤子口袋是否有危险物品。 晨间活动：自选区域游戏。
9:00—10:00	户外活动： 1.散步，观察花园里的小动物（蚂蚁等）。 2.体育活动：热身、动物模仿操、韵律操“我爱洗澡”、集体游戏“跳房子”、自主游戏（平衡区）。 3.整理，回教室。
10:00—10:20	生活活动： 1.能排队有序地进厕所。 2.能主动喝水。
10:20—10:40	集体活动：投花肥。 主要领域：健康。 活动目标：练习用沙包击准目标，发展投掷能力和目测力。 活动准备：花盆、塑料桶、沙包（花肥）若干、平衡木、篮子。 活动过程： 1.情景导入。 花园里的花儿缺少肥料都蔫儿了，你们愿意帮助花儿到小房子里去取花肥吗？到小房子需要过小桥，钻山洞才能到达。为了有足够体力顺利取到花肥，我们先来做做运动吧。 2.热身运动：教师带领幼儿随音乐做热身运动。 3.过小桥。 （1）分组，讲规则。 （2）幼儿练习走平衡木。 4.钻山洞，取沙包。 （1）幼儿钻过山洞。 （2）在指定的篮筐里拿取花肥。 5.投花肥。 （1）请幼儿尝试投花肥。（分散自由玩沙包） （2）请幼儿集中交流自己的投掷方法，学习不同的投掷方法。 （3）组织幼儿在规定的线上进行施肥，练习有目的地向前投掷。 6.放松活动：播放音乐，放松，结束活动。 （本教案由凉山州雷波县幼儿园龚毅提供）
10:40—11:20	区域活动：阅读区“好饿的毛毛虫”。 区域目标： 1.遵守入区规则。 2.能有序取放图书。 指导策略： 1.引导幼儿仔细观察图片变化。 2.帮助幼儿理解故事内容。

续表

时间	环节、内容及指导要点
11:20—11:45	生活活动:盥洗。 餐前活动:光盘行动。
11:45—12:15	午餐。
12:15—12:30	餐后活动:散步。
12:30—14:30	午睡。
14:30—15:00	起床整理。
15:00—15:15	点心:自主取点心。
15:15—16:00	户外活动:丢沙包。 游戏目标: 1.发展幼儿动作的协调性、灵敏性、准确性。 2.培养幼儿大胆参与游戏的情感,体验游戏的快乐。 游戏准备:沙包。 游戏玩法: 1.开始部分。带领幼儿进行热身运动,重点活动手臂、膝盖、脚踝等。 2.基本部分。 (1)幼儿自由探索沙包玩法,教师观察指导。 (2)师幼共同讨论沙包的多种玩法,幼儿相互模仿。 (3)游戏:炸碉堡。 幼儿分两队,听信号出发,每队一名幼儿跑出,跳过墙(橡皮筋),钻过山洞(竹圈),手膝着地爬过封锁线(垫子),拿起手榴弹(小沙包)向敌人碉堡(球网)投去,再从两侧跑回,拍第二个幼儿的手,站到队尾,如此依次进行,打中碉堡次数最多的队获胜。 3.结束部分。 “敌人的碉堡炸掉了,咱们休息一下吧。”一起做放松运动、结束活动。
16:00—16:10	离园整理。
反思及调整	

幼儿园班级日教学工作计划表

班级：　　　　　　第三周　　　　　　星期五　　　　　　教师：

时间	环节、内容及指导要点
8:30—9:00	晨间检查:为幼儿测体温,观察异常,检查是否带危险物品入园。 晨间活动:先到的幼儿可安排区域活动、桌面玩具等。
9:00—10:00	户外活动: 1.观察植物角。 2.体育锻炼:热身,早操,集体游戏“大泡泡、小泡泡”,自由游戏“老狼老狼几点了”。(指导要点:提醒幼儿集中注意力,听指令做动作) 3.整理:休息整理。
10:00—10:20	生活活动:组织幼儿分组如厕、喝水。
10:20—10:40	集体活动:美丽的花。 主要领域:语言。 活动目标: 1.学会儿歌并了解儿歌内容。 2.能根据儿歌内容进行创编动作进行表现。 3.喜欢用儿歌的方式表达自己的所见。 活动准备:PPT。 活动过程: 1.出示PPT,让幼儿观察图上的花、叶、蝴蝶,并让幼儿说出是什么样的花,什么样的蝴蝶?蝴蝶是怎么飞的? (1)教师引导幼儿根据儿歌内容编出动作。 (2)个别指导幼儿。 2.完整学念儿歌。 3.创编儿歌。 小朋友们想想小蝴蝶除了飞到花丛中还会飞到哪里干什么呢? 附儿歌: 美丽的花,美丽的叶,飞来一只美丽的小蝴蝶。 左飞飞,右飞飞,飞到花丛歇一歇。 小蝴蝶休息了,我也跟着休息了。 (本教案由凉山州雷波县幼儿园白红提供)
10:40—11:20	区域活动:建构区“花儿朵朵”。 区域目标:学习和探索用雪花片建构一朵朵的花儿,体验建构乐趣。 指导策略:引导幼儿之间互相交流合作。
11:20—11:45	生活活动:餐前盥洗准备。 餐前活动:阅读绘本《彩虹色的花》。
11:45—12:15	午餐。
12:15—12:30	餐后活动:户外散步。
12:30—14:30	午睡:检查幼儿是否带危险物品上床;提示幼儿注意正确睡姿:躺卧或侧卧。

续表

时间	环节、内容及指导要点
14:30—15:00	起床整理。(穿戴整齐、如厕、盥洗、女生梳头)
15:00—15:15	幼儿自主取点心。
15:15—16:00	户外活动:老鹰抓小鸡。 游戏目标: 1.训练躲闪动作,发展身体平衡能力。 2.培养合作意识及能力。 游戏准备:平整的场地。 游戏玩法: 1.幼儿听音乐做热身运动。 2.教师请一组幼儿示范玩法。 3.教师讲解游戏规则并分组,5~6人为一组。 4.教师提问:怎样不被老鹰捉住?鼓励幼儿快跑躲闪,身体灵活,动作要快。
16:00—16:10	离园整理:整理个人衣物,背好书包准备离园。
反思及调整	

第四周教学工作计划表

<table>
<tr><td colspan="2">本周工作重点</td><td colspan="5">1.引导幼儿锻炼身体,培养幼儿自理能力。
2.引导幼儿认识常见的花,了解花的多样性、花儿色彩的丰富性。
3.培养幼儿热爱家乡、热爱大自然的情感,乐意与同伴交流自己对春天的发现和想法。
4.引导幼儿了解大自然中隐藏的数学现象,培养数数的兴趣。</td></tr>
<tr><td colspan="2">本周生活活动重点</td><td colspan="5">1.学习整理衣物、玩具,午睡时能将衣裤、鞋袜放在指定位置,离园时会整理自己的东西。
2.文明进餐,进餐时不大声说话,会正确使用餐具、餐巾。
3.在教师帮助下学习整理床铺。</td></tr>
<tr><td></td><td>内容</td><td>星期一</td><td>星期二</td><td>星期三</td><td>星期四</td><td>星期五</td></tr>
<tr><td rowspan="2">上午</td><td>集体活动</td><td>语言
嘀嘀哒哒牵牛花</td><td>艺术
美丽的脐橙花</td><td>科学
神奇的花朵</td><td>健康
送花朵回家</td><td>社会
鲜花在哪儿买</td></tr>
<tr><td>游戏活动</td><td>建构区
玩雪花片</td><td>美工区
美丽的小花园</td><td>生活区
穿珠子</td><td>阅读区
关于花的绘本故事</td><td>美工区
我的小花园</td></tr>
<tr><td>下午</td><td>游戏活动</td><td>吹泡泡</td><td>老狼老狼几点了</td><td>老鹰捉小鸡</td><td>警察抓小偷</td><td>抓尾巴</td></tr>
<tr><td>备注</td><td colspan="6">绘本若干。
朗读要领:
朗读时,大量运用表情。如果可能,改变自己的声调来扮演对话的人物。
根据故事情节调整语速。在悬疑时,慢下来,降低声音。适当的时候压低声音,可以让孩子全神贯注。</td></tr>
</table>

幼儿园班级日教学工作计划表

班级：　　　第四周　　　星期一　　　教师：

时间	环节、内容及指导要点
8:30—9:00	晨间检查:为幼儿测体温,观察幼儿身体是否异常、是否带危险物品入园。 晨间活动:先到的幼儿可安排区域活动、桌面玩具等。
9:00—10:00	户外活动: 1. 观察植物角。 2. 体育锻炼:热身;早操“徒手操和模仿操”;集体游戏“老鹰捉小鸡”。 3. 自由游戏:皮球拍拍拍。(指导要点:提醒幼儿集中注意力,拍球时动作到位,注意屈膝) 4. 整理:休息整理。
10:00—10:20	生活活动:组织幼儿分组如厕、喝水。
10:20—10:40	集体活动:嘀嘀哒哒牵牛花。 主要领域:语言。 活动目标: 1.理解绘本内容。 2.感知不同花的特点,并大胆表达。 3.体验绘本故事的有趣。 活动准备:卡纸做的太阳、小青虫、绘本中的几种花。 活动过程: 1.出示牵牛花:这是什么？它的名字叫什么？ 2.观察绘本画面,理解故事内容: (1)春天来了,泥土里种了一粒什么颜色的种子？ (2)过了好多天,小种子发生了什么变化？你们还看到了谁?(小青虫)发生了什么变化了？ (3)牵牛花又遇到了小菊花、虞美人、向日葵、太阳花,它们都说了什么?(师幼表演对话) 3.结束部分:师完整讲述故事并小结。 (本教案由凉山州雷波县幼儿园李林骏提供)
10:40—11:20	区域活动:建构区“玩雪花片”。 区域目标:能较熟练地拼插花儿,在此基础上丰富建构内容。 指导策略: 1.引导幼儿交流拼插花儿的经验。 2.在拼插花儿的基础上,能增加花枝、叶等。 3.鼓励幼儿大胆创新。
11:20—11:45	生活活动:餐前盥洗准备。(指导要点:提醒幼儿注意排队洗手,不弄湿衣物) 餐前活动:阅读绘本《嘀嘀哒哒喇叭花》。
11:45—12:15	午餐: 1.关注过敏体质的幼儿。 2.提醒幼儿安静地吃午餐。 3.提醒幼儿尽量不挑食。
12:15—12:30	餐后活动:户外散步,提示幼儿不追、不跑。
12:30—14:30	午睡:检查幼儿是否带危险物品上床,提示幼儿注意正确睡姿。
14:30—15:00	起床整理:穿戴整齐、如厕、盥洗、女生梳头。
15:00—15:15	幼儿自主取点心。

续表

时间	环节、内容及指导要点
15:15—16:00	户外活动:吹泡泡。 游戏目标: 1.练习听信号做指定动作。 2.培养观察力和动作的灵敏性。 游戏准备:泡泡水。 游戏玩法: 1.热身游戏:长高了,变矮了。教师带领幼儿围圈,长高了(两臂上举),变矮了(下蹲),看谁长得最高(双脚原地向上跳)。 2.游戏:吹泡泡。 (1)教师吹泡泡,激起幼儿游戏兴趣。 (2)教师示范讲解游戏玩法:教师和幼儿手拉手按逆时针方向一个跟着一个走成圆形队。边走边念儿歌:"吹泡泡,吹泡泡,吹成一个大泡泡。"当教师说"泡泡飞高了",幼儿两臂上举;当教师说"泡泡飞低了",幼儿原地下蹲;当教师说"泡泡破了",幼儿四散地跑开;当教师说"吹泡泡了",大家又拉成圆圈站好。游戏反复进行。 3.放松活动。
16:00—16:10	离园整理:整理个人衣物、背好书包准备离园。
反思及调整	

幼儿园班级日教学工作计划表

班级：　　　　　　第四周　　　　　　星期二　　　　　　教师：

时间	环节、内容及指导要点
8:30—9:00	晨检:为幼儿测量体温,检查幼儿所带物品,并做好记录。 晨间活动:幼儿自选区域,重点观察美工区中幼儿对材料的使用情况。
9:00—10:00	户外活动: 1.检查服装,观察游戏场地地面标识。 2.体育活动:早操、集体游戏"老狼老狼几点了"、自主游戏(攀爬区)。 3.整理:放松运动,排队回教室。
10:00—10:20	生活活动:遵守排队秩序。
10:20—10:40	集体活动:美丽的脐橙花。 主要领域:艺术。 活动目标: 1.了解脐橙花是我们家乡的特色。 2.有感情地唱出儿歌《脐橙花开》。 3.萌发爱护脐橙花朵的情感。 活动准备:脐橙花视频、图片、儿歌谱子。 活动过程: 1.活动导入。 师出示脐橙花图片,带领幼儿感受满园脐橙花的景色,了解脐橙花是我们家乡的特色。 2.讨论分享。 (1)出示满园脐橙花视频,引导幼儿观察,理解儿歌的主要内容。 (2)脐橙花儿这么好看,我们摘一朵行不行?为什么? (3)小结:花朵是让大家欣赏的,我们不能摘,大家要爱护它。 3.学习儿歌。 (1)听儿歌。 (2)学唱儿歌。 (3)分组展示。 4.活动结束。 (本教案由凉山州雷波县幼儿园周祺雯、戴雪提供)
10:40—11:20	区域活动:美工区"美丽的小花园"。 区域目标:了解花朵的外貌特征,愿意用画"直线、曲线"的方式表现不同种类的花朵。 指导策略: 1.教师引导幼儿用曲线、直线画出各种不同的花。 2.教师巡回指导。(重点观察幼儿是否能在指定范围内用直线或曲线表现自己想要画的花) 3.提醒幼儿用不同的材料装饰小花园。 4.教师引导先画好的幼儿把花放到装饰好立体场景的花园里。 5.欣赏美丽的小花园。
11:20—11:45	餐前活动:手指游戏"手指变变变"。
11:45—12:15	午餐。

续表

时间	环节、内容及指导要点
12:15—12:30	餐后活动:散步。
12:30—14:30	午睡:睡前解便,安静午睡。
14:30—15:00	起床整理。
15:00—15:15	点心。
15:15—16:00	户外活动:老狼老狼几点了。 游戏目标:锻炼幼儿听辨信号的能力,体验游戏带来的乐趣。 游戏准备:宽敞的场地。 游戏玩法: 1.教师带领幼儿进入场地,幼儿听教师的口令,跟着教师一起做游戏。 2.游戏玩法:幼儿与老狼(教师)一同往前走,并齐声问:“老狼老狼几点了?”老狼回答:“三点了。”(幼儿向前走三步)然后又问:“老狼老狼几点了?”老狼回答:“三点了。”(幼儿向前走五步)这样继续问下去,直到老狼回答天黑时,幼儿转身向家里跑去,老狼转身就追,老狼不得过小兔子的家,小兔子在回家前被抓住就失败了,要被送到老狼的家里,等一会儿游戏再次开始时,其他小兔子去救,玩过几次后可另外选一人当老狼。
16:00—16:10	离园整理。
反思及调整	

幼儿园班级日教学工作计划表

班级：　　　　第四周　　　　星期三　　　　教师：

时间	环节、内容及指导要点
8:30—9:00	晨检:为幼儿测量体温,检查幼儿所带物品,并做好记录。 晨间活动:幼儿自选区域。
9:00—10:00	户外活动: 1.检查服装,散步。 2.体育活动:早操、集体游戏“投沙包”、自主游戏(球类区)。 3.整理:放松运动,排队回教室。
10:00—10:20	生活活动:节约用水。
10:20—10:40	集体活动:神奇的花朵。 主要领域:科学。 活动目标: 1.了解花的各部位结构及名称。 2.激发对大自然的热爱之情。 活动准备:花园图片、PPT、花的构造图片。 活动过程: 1.开始部分。 手指游戏:以“悄悄话”导入。 小鸟小鸟住在大树上,田鼠田鼠住在大树下;喇叭花喇叭花爬呀爬,喇叭花喇叭花变成小电话;喳喳喳,吱吱吱……小鸟和田鼠说着悄悄话。 2.基本部分。 (1)师出示教学PPT提问:有些什么颜色的花呢?(红色、蓝色、黄色、绿色……) (2)出示鸡冠花或者桃花实物。 让幼儿观察,它是由哪儿部分构成的呢? (3)师分别介绍花的结构及名称:花的身体(花柄,出示相应的图片),花叶,花枝,花的脚(花根)。花根看得见吗? 它埋在哪里呢?(泥土里) 3.结束部分。 教师小结:回家以后和爸爸妈妈一起观察一下自家花园里的小花吧。 (本教案由凉山州雷波县幼儿园方琴、吴晓红提供)
10:40—11:20	区域活动:生活区“穿珠子”。 区域目标: 1.学习穿珠子。 2.能够独立完成穿珠子,穿成一个手链或项链。 3.感受穿珠子的乐趣。 指导策略: 1.让幼儿观察珠子。 2.讨论穿珠子的技巧。 3.讨论穿珠子存在的危险,提醒幼儿不能将珠子往嘴里、耳朵里和鼻孔里放。同时提醒幼儿如果珠子掉在地上必须马上捡起,以免导致别人滑倒。
11:20—11:45	餐前活动:手指游戏“包饺子”。

续表

时间	环节、内容及指导要点
11:45—12:15	午餐:安静地进餐,不把饭粒撒在桌面。
12:15—12:30	餐后活动:散步。
12:30—14:30	午睡:睡前解便,睡觉时不趴着睡。
14:30—15:00	起床整理:整理自己的衣裤。
15:00—15:15	点心:自己拿取点心。
15:15—16:00	户外活动:老鹰捉小鸡。 游戏目标:锻炼反应能力,学会躲闪。 游戏准备:场地,鸡妈妈、老鹰的头饰,鸡宝宝胸饰若干。 游戏玩法: 1.一个教师扮老鹰,另一个教师扮母鸡,其余幼儿扮小鸡,参与幼儿用双手依次拉着前面幼儿的衣服,排在母鸡的后面。 2.游戏开始,母鸡和小鸡一起念儿歌:“老鹰天上飞,小鸡地上跳,老鹰捉小鸡,就是捉不到。”念完后老鹰立即捕捉队尾的小鸡。小鸡随着母鸡左右移动躲闪,不让老鹰捉到。小鸡如果被捉到,马上离开场地。换一名幼儿排到最前面重新游戏,也可视运动量交换幼儿重新游戏。 3.每次游戏幼儿人数不超过五人,避免奔跑中摔倒。待幼儿熟悉后,可换幼儿当母鸡和老鹰。
16:00—16:10	离园,整理玩具。
反思及调整	

幼儿园班级日教学工作计划表

班级: 第四周 星期四 教师:

时间	环节、内容及指导要点
8:30—9:00	晨检:为幼儿测体温、观察幼儿身体是否异常、是否携带危险品入园。 晨间活动:幼儿可自主选择区域活动、桌面玩具等。
9:00—10:00	户外活动: 1.观察种植区的植物。 2.体育锻炼:热身,早操。(符合幼儿年龄特点,趣味性强,以徒手操和模仿操为主) 3.自主游戏:老鹰捉小鸡。 4.整理:播放放松音乐,休息整理。
10:00—10:20	生活活动:组织幼儿分组如厕、洗手、喝水。
10:20—10:40	集体活动:送花朵回家。 主要领域:健康。 活动目标: 1.能在15米以内的距离走跑交替进行游戏。 2.通过游戏培养耐心和注意力。 活动准备:自制花朵、圈、铃鼓、音乐、拱门、斜坡。 活动过程: 1.准备活动。 (1)幼儿听信号进行走和跑的练习。 (2)教师拍铃鼓,鼓声慢,幼儿走得慢,鼓声快,幼儿走得快,交替进行。 2.基本活动。 (1)介绍游戏情节,引导幼儿玩走跑交替的游戏。 (2)强调游戏规则。 (3)游戏开始,教师进行游戏指导。 (4)游戏结束,教师对幼儿游戏情况进行小结。 3.放松活动。 活动建议: 1.利用家园沟通,请家长配合幼儿在家里玩类似的游戏,如:送玩具宝宝回家,送蔬菜水果回家等。 2.在户外投放游戏材料,让幼儿练习来回走跑的动作技能。 (本教案由宜宾市江安县淯江幼儿园胡依婷提供)
10:40—11:20	区域活动:阅读区"关于花的绘本故事"。 区域目标:认识故事中各种各样的花,理解故事内容,愿意与人分享美好情感。 指导策略:引导幼儿观察关于花的图片,同伴之间相互交流。
11:20—11:45	生活活动:盥洗。 餐前活动:手指游戏"小猴吃桃"。
11:45—12:15	午餐: 1.关注过敏体质的幼儿。 2.提醒幼儿不挑食。 3.提醒幼儿安静地吃午餐
12:15—12:30	餐后散步:提醒幼儿不追、不跑、不跳。

续表

时间	环节、内容及指导要点
12:30—14:30	午睡: 1.检查幼儿是否携带危险品上床。 2.提醒幼儿注意正确的睡姿:躺卧或侧卧。
14:30—15:00	起床整理:穿戴整齐、如厕、盥洗、女生梳头发。
15:00—15:15	点心:幼儿排队自取点心。
15:15—16:00	户外活动:警察抓小偷。 游戏目标:发展追逐躲闪跑的能力,提高反应速度和灵敏性。 游戏准备:音乐《愤怒的小鸟》《警车鸣声》,宽阔、平坦的户外大操场,场地外侧分散放置塑料圈,每侧放置两个圈,为警察和小偷的家。 游戏玩法:教师扮演警察捉小偷(幼儿),进行追逐跑游戏。游戏开始,小偷出来活动,四散跑开,警察出来捉小偷,把小偷捉回警察的家,未被捉住的小偷如果跑回自己的家,警察就不能再捉了,游戏直至音乐结束。
16:00—16:10	离园整理:整理书包。
反思及调整	

幼儿园班级日教学工作计划表

班级：　　第四周　　星期五　　教师：

时间	环节、内容及指导要点
8:30—9:00	晨检:为幼儿测体温,观察幼儿身体是否异常,是否携带危险品入园。 晨间活动:幼儿可自主选择区域活动、桌面玩具等。
9:00—10:00	户外活动: 1.对植物角的植物进行观察。 2.体育锻炼:热身,早操。(符合幼儿年龄特点,趣味性强,以徒手操和模仿操为主) 3.自主游戏:打地鼠。 4.整理:播放放松音乐,休息整理。
10:00—10:20	生活活动:组织幼儿分组如厕、洗手、喝水。
10:20—10:40	集体活动:鲜花在哪儿买。 主要领域:社会。 活动目标: 1.积极参与活动,乐意探究购买鲜花的场所。 2.认识并知道购买鲜花的场所。 3.在游戏中会用礼貌用语,并能正确说出鲜花的名称。 活动准备:小熊手偶、鲜花图片或模型、桌椅、环保袋。 活动过程: 1.活动导入。 (出示小熊手偶)师:"小朋友们,我想买一束漂亮的鲜花,请问在哪里可以买到?" 2.经验分享。 (1)出示鲜花图片,让幼儿认识鲜花。 (2)幼儿想一想、说一说有没有和爸爸妈妈一起买鲜花的经历。 (3)教师利用课件和幼儿讨论购买鲜花的场所。 3.体验游戏。 引导幼儿在进行买卖游戏时使用礼貌用语。 (1)鲜花店游戏。 (2)超市游戏。 活动建议: 1.在区角投放材料供幼儿开一家鲜花店,让幼儿进行角色扮演买卖鲜花。 2.利用开鲜花店的家长资源,请家长带幼儿去鲜花店体验买卖鲜花。 3.鼓励幼儿在日常生活中使用礼貌用语和他人交往。 (本教案由宜宾市江安县淯江幼儿园胡依婷提供)
10:40—11:20	区域活动:美工区"我的小花园"。 区域目标:学会用黏土、工具等制作花园造型,锻炼小肌肉精细动作的发展。 指导策略: 1.提醒幼儿注意使用黏土时的安全。 2.提醒幼儿收拾好美工材料。
11:20—11:45	生活活动:餐前盥洗,提醒幼儿排队洗手,不弄湿衣物。 餐前活动:阅读绘本。

续表

时间	环节、内容及指导要点
11:45—12:15	午餐： 1.关注过敏体质的幼儿。 2.提醒幼儿不挑食。 3.提醒幼儿安静地吃午餐。
12:15—12:30	餐后活动：散步(指导要点：提醒幼儿不追、不跑、不跳)。
12:30—14:30	午睡： 1.检查幼儿是否携带危险品上床。 2.提醒幼儿注意正确的睡姿。
14:30—15:00	起床整理：穿戴整齐、如厕、盥洗、女生梳头发
15:00—15:15	幼儿排队自取点心： 1.提醒幼儿按数量要求取点心。 2.将点心包装袋扔到垃圾桶。
15:15—16:00	户外活动：抓尾巴。 游戏目标：训练快跑中身体动作的协调性及躲闪动作的灵活性，发展身体的平衡能力。 游戏准备：彩色布条、平整的场地、音乐。 游戏玩法：幼儿自由分组，5~6人为一组，教师数“1，2，3”，幼儿开始在指定的范围内四散跑开，瞅准机会揪对方的尾巴，但不得推拉，先揪下对方尾巴的幼儿为胜。
16:00—16:10	离园整理：整理书包。
反思及调整	

“花儿朵朵开”大型春游活动方案

春天，是那么充满生机和活力，广阔的大自然是我们最好的教育资源。为了让小班幼儿亲近大自然、探索大自然，感受春的美好、花的美丽、空气的清新，同时在活动中发展幼儿多方面的能力，幼儿园计划开展“花儿朵朵开”大型春游活动，现制订活动方案如下。

一、活动时间

×××。

二、活动主题

春光正好，深情拥抱——小班组“花儿朵朵开”春游活动。

三、活动地点

滨江路公园。（距离幼儿园300米左右）

四、活动目的

1. 让孩子们亲近自然、探索自然、感知自然、开阔眼界、提升欣赏能力，发现美丽风景，感受人与自然的和谐。

2. 在幼儿互动游戏活动中，体验快乐，增强孩子们的团队意识。

3. 在真实的生活情境中，丰富孩子们的生活体验，提升孩子们的合作交往和动手能力。

五、参加人员

幼儿园行政人员、小班组教师、家委代表（每班3~5名）和小班组自愿参加春游活动的幼儿。

六、活动准备

（一）幼儿园的准备工作

1. 教师对幼儿做好春游前的知识储备和安全教育。

（1）对幼儿进行认识大自然和热爱大自然的教育，让孩子提前了解探索自然的任务卡。

（2）培养幼儿的环保意识，要求孩子保持环境卫生，不乱扔垃圾，不攀爬树木，不摘花草，做到文明春游。

（3）对幼儿进行外出活动安全知识教育，增强幼儿安全意识和自我保护能力。

2. 召开会议，行政人员和小班组教师进行活动方案讨论，初步确立开展活动的时间、地点等；到预计开展活动的现场进一步踩点观察，排查安全隐患和研究避免办法，最终确定活动路线及流程。

3.3 月 18 日晚发布活动通知，告知家长春游以及准备相关材料事宜。（由小一班、小二班教师负责）

4. 活动方案、安全预案、温馨提示、教师流程卡。（由保教主任、总务主任、办公室主任分别负责）

5. 幼儿任务卡、活动袋、组牌等。（班级教师负责）

6. 集体热身律动、音响。（保教副主任、班级教师负责）

7. 活动主持。（保教副主任负责）

8. 后勤准备工作总负责。（后勤副主任负责）

9. 照相、录影。（宣传员、班级教师负责）

（二）家长的准备工作

1. 家长给幼儿穿适合运动的衣服，准备更换的衣物、隔汗巾、水杯。

2. 准备一次性水瓶等活动材料。

3. 观察孩子，若有不适宜外出活动的情况（如感冒等），提前一天告知班级教师，要参加春游孩子的家长提前在家长群里接龙报名。

七、安全保障措施

1. 加强管理和监督措施。园长对各个环节的安全防范措施做到层层落实，责任到人。

2. 各班级教师提前对本班幼儿进行春游活动预知及安全教育，增强幼儿安全防范意识和自我保护能力。在活动当天负责组织好幼儿活动，维持好纪律，安排好幼儿春游的各项工作，保障春游活动安全、顺利地进行。

3. 家长是幼儿安全工作的第一责任人，全程负责照顾和护理自己的孩子，教育孩子遵守秩序，保障孩子安全，在全班家长会时签好安全协议。

八、活动流程

1. 整队出发。幼儿早上8:40入园,9:00准时集合出发。

2. 行走路线:幼儿园—滨江公园。

3. 行走次序:小一班—小二班。

4.9:10到达目的地后,各组负责的教师带领幼儿进行自然感知——欣赏花园里的花草树木(重点介绍1~2种花)。

5. 进行韵律和游戏活动。全体幼儿、教师围成一个大圈,在教师带领下,幼儿和教师一起进行韵律“桃花朵朵开”热身;再组织做游戏活动“花儿朵朵开”(幼儿问:一朵花,几个瓣?教师答:一朵花,×个瓣。教师随机说出4以下的花瓣数量时,幼儿按数量自由组合拥抱成一朵“花”)。

6. 游戏结束后,各组负责的教师带领幼儿进行小脚丫大冒险活动(需蒙眼光脚排队进行探索活动,草坪、硬地、沙池、鹅卵石路);户外运动(充分利用滨江花园的地理环境,让幼儿在平地奔跑、在石坎行走、在沙池跳跃、在草坡来回攀跑、在草地打滚);自然探索(幼儿根据提前准备的任务卡进行探索)。

7.10:30幼儿进行自由活动。

8.10:40结束后收拾场地。

带领、提醒孩子清理场地垃圾,培养孩子爱护自然、保护环境的意识。

9. 活动结束:教师整队,组织幼儿回园。

九、活动当天人员的具体安排(见附件)

附件:“花儿朵朵开”大型春游活动现场人员安排

1. 业务副园长负责现场工作的总协调,整个活动临时各项目间的调节及临时人员调配。

2. 保教副主任负责移动音响、主持游戏活动。

3. 后勤副园长负责活动的后勤保障工作。

4. 年级组长和班级教师负责整个活动幼儿安全及路途行走安全防护。

5. 班级教师负责带领韵律操。

6. 春游队伍随行人员(行政人员、安保人员、家委代表)19日上午8:50准时在幼儿园大门口等候。

7. 班级教师负责本班幼儿队伍的带领(分两小组带领),行政人员和各班家委代表随行负责幼儿如厕、喝水、洗手等临时护送看管。

8. 各组协助教师听从统一调度安排。

(本方案由宜宾市江安县幼儿园周汉英提供)

清凉一夏

主题背景

夏天是炎热的，也是多姿多彩的。夏天带给幼儿无穷的乐趣：咬一口甜甜的西瓜，尝尝好吃的冰激凌，找找树上鸣叫的知了，在清凉凉的水中戏耍。夏天也是令人烦恼的：炎炎的烈日、骤降的雷雨、闷热的天气、讨厌的蚊虫……夏天的种种变化给小班幼儿带来主动探索的欲望。因此，我们设计了“清凉一夏”主题活动。

本主题从幼儿的视觉、听觉等各种感官出发，以认识感知夏天，探索夏天的秘密，了解夏天用品，品尝夏天的美食并享受夏天的独特时光为主线开展活动，让幼儿获得关于夏天的丰富体验，产生喜爱夏天、热爱大自然的积极情感。

主题目标

1. 尝试运用多种感官初步认识夏天的特征，激发对自然现象的探究欲望。

2. 初步了解夏季饮食、卫生、安全等方面的保健知识，发展自我保护意识和能力。

3. 体验夏天活动的乐趣，能用多种方式表达对夏天的感受。

主题网络图

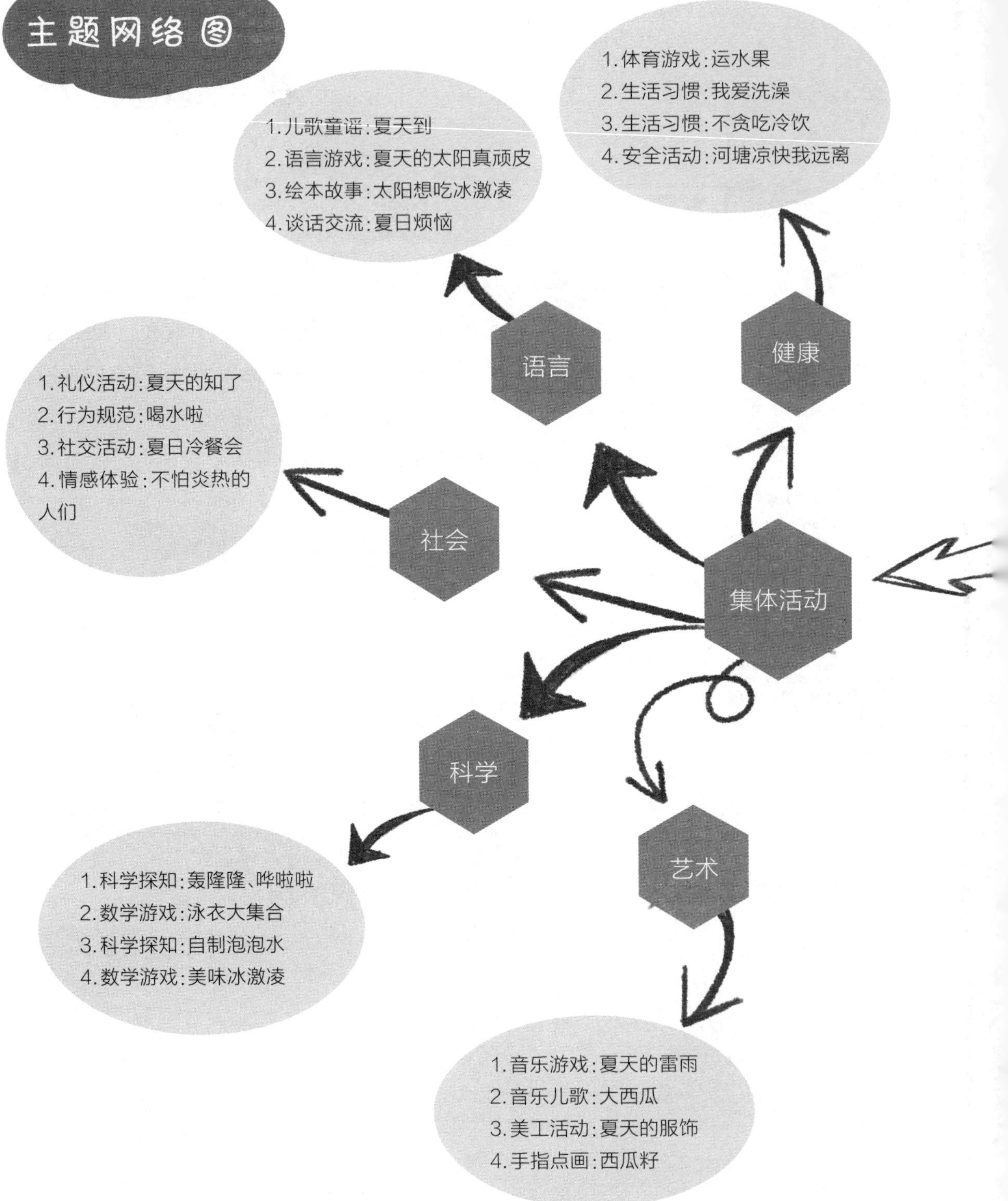
集体活动
语言
1. 儿歌童谣:夏天到
2. 语言游戏:夏天的太阳真顽皮
3. 绘本故事:太阳想吃冰激凌
4. 谈话交流:夏日烦恼
健康
1. 体育游戏:运水果
2. 生活习惯:我爱洗澡
3. 生活习惯:不贪吃冷饮
4. 安全活动:河塘凉快我远离
社会
1. 礼仪活动:夏天的知了
2. 行为规范:喝水啦
3. 社交活动:夏日冷餐会
4. 情感体验:不怕炎热的人们
科学
1. 科学探知:轰隆隆、哗啦啦
2. 数学游戏:泳衣大集合
3. 科学探知:自制泡泡水
4. 数学游戏:美味冰激凌
艺术
1. 音乐游戏:夏天的雷雨
2. 音乐儿歌:大西瓜
3. 美工活动:夏天的服饰
4. 手指点画:西瓜籽

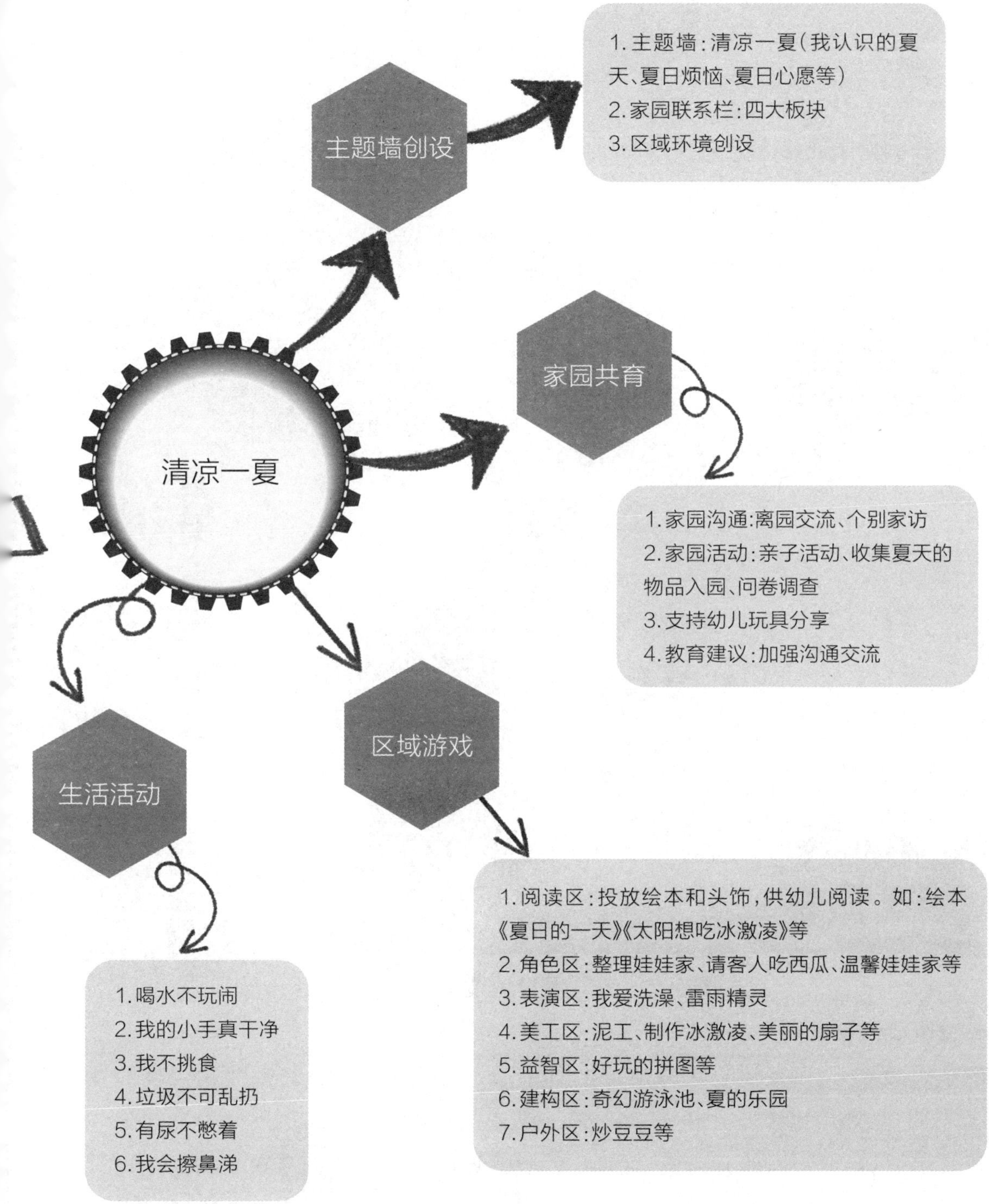
清凉一夏
主题墙创设
1. 主题墙：清凉一夏（我认识的夏天、夏日烦恼、夏日心愿等）
2. 家园联系栏：四大板块
3. 区域环境创设
家园共育
1. 家园沟通：离园交流、个别家访
2. 家园活动：亲子活动、收集夏天的物品入园、问卷调查
3. 支持幼儿玩具分享
4. 教育建议：加强沟通交流
区域游戏
1. 阅读区：投放绘本和头饰，供幼儿阅读。如：绘本《夏日的一天》《太阳想吃冰激凌》等
2. 角色区：整理娃娃家、请客人吃西瓜、温馨娃娃家等
3. 表演区：我爱洗澡、雷雨精灵
4. 美工区：泥工、制作冰激凌、美丽的扇子等
5. 益智区：好玩的拼图等
6. 建构区：奇幻游泳池、夏的乐园
7. 户外区：炒豆豆等
生活活动
1. 喝水不玩闹
2. 我的小手真干净
3. 我不挑食
4. 垃圾不可乱扔
5. 有尿不憋着
6. 我会擦鼻涕

图 4-1　主题网络图

环境创设建议

一、主题墙创设

1. 创设主题墙“清凉一夏”,体现活动开展轨迹和幼儿参与情况。

2. 主题墙设计示例。

图 4-2　主题墙设计建议

3. 主题墙创设温馨提示。

我认识的夏天:可展示夏天的动植物图片,如荷花、知了、蛐蛐等;雷雨天气的安全常识图片,如下雨天不在树下避雨等;幼儿作品《夏天的服饰》。

夏日烦恼:可展示与幼儿讨论出的避暑办法(以图加文字说明呈现),与幼儿讨论出的防蚊小妙招(以幼儿绘画作品为主,以照片及文字说明为辅的方式呈现)。

夏日心愿:可展示幼儿收集的夏天想吃的美食图片;我想玩(以幼儿照片加文

字心愿卡的方式展示。备注:“文字心愿卡”为幼儿口述、教师记录)。

二、家园联系栏

1. 教育教学计划:周计划、月计划。
2. 温馨提示:防溺水安全小常识。
3. 卫生保健:防中暑小妙招。
4. 好书推荐:《夏日的一天》《夏天里的故事》。

三、区域设计

1. 阅读区:提供主题相关的绘本和头饰,供幼儿阅读。如:绘本《太阳想吃冰激凌》《奇奇的夏天》《下雨天》《夏夜音乐会》《我的连衣裙》《夏天来了》《今天是西瓜日》《夏日的一天》《夏天里的故事》等。

2. 表演区:根据主题活动提供洗澡用品,相关头饰、服饰;利用打击乐器表演《夏天的雷雨》。

3. 美工区:提供橡皮泥、水彩笔、彩纸、胶棒等美工材料;利用废纸、石子、树叶等废旧材料、自然材料丰富区域。

工作计划表

月教学工作计划表

主题名称	清凉一夏	
主题目标	1.尝试运用多种感官初步认识夏天的特征,激发对自然现象的探究欲望。 2.初步了解夏季饮食、卫生、安全等方面的保健知识,增强自我保护意识和能力。 3.体验夏天活动的乐趣,能用多种方式表达对夏天的理解和感受。	
环境创设	1.创设主题墙“清凉一夏”,根据主题活动开展进度,体现活动开展轨迹和幼儿参与情况。 2.家园联系栏。 (1)教育教学计划:周计划、月计划。 (2)温馨提示:防溺水安全小常识。 (3)卫生保健:防中暑小妙招。 (4)好书推荐:《夏日的一天》《奇奇的夏天》。 3.更新区域材料。 (1)阅读区:提供绘本。 (2)表演区:提供洗澡用品,歌唱表演《我爱洗澡》,打击乐《夏天的雷雨》。 (3)美工区:提供橡皮泥、水彩笔、彩纸、胶棒等美工材料。	
家园共育	亲子游戏活动:狂欢一夏,梦幻泡泡秀。 亲子共读:《夏日的一天》《奇奇的夏天》。	
安全教育	1.自我保护:不私自去河塘边玩耍。 2.生活安全:电线、插座不乱碰;不贪吃冷饮。	
集体活动	活动名称	材料准备
	健康领域: 1.体育游戏:运水果 2.生活习惯:我爱洗澡 3.生活习惯:不贪吃冷饮 4.安全活动:河塘凉快我远离	1.锥形桶、门洞、垫子、水果模具、果篮。 2.猪小弟图片、洗澡用品图片、音乐《猪小弟》《我爱洗澡》、仙女棒。 3.图片:冰激凌、雪糕图片。 4.河塘游泳、玩耍、捉鱼、钓鱼等图片,安全教育平台《防溺水》视频、课件。
	语言领域: 1.儿歌童谣:夏天到 2.语言游戏:夏天的太阳真顽皮 3.绘本故事:太阳想吃冰激凌 4.谈话交流:夏日烦恼	1.教学PPT 2.教学图片(太阳、红色的刷子、游泳的人、骑车的人、卖瓜的人、踢球的人)。 3.PPT、故事角色胸卡、冰激凌道具。 4.亲子调查《夏日烦恼调查问卷表》;图片:夏日工作的公车司机、清洁工、农民等。
	社会领域: 1.礼仪活动:夏天的知了 2.行为规范:喝水啦 3.社交活动:夏日冷餐会 4.情感体验:不怕炎热的人们	1.知了、宝宝睡觉和被吵醒哭闹及认真做事的图片;知了鸣叫音频。 2.幼儿喝水混乱的照片、排队的照片。 3.食品、点心盘、餐具、轻音乐、故事《小猴送水果》。 4.各行各业夏季坚持工作的照片。
	科学领域: 1.科学探知:轰隆隆、哗啦啦 2.数学游戏:泳衣大集合 3.科学探知:自制泡泡水 4.数学游戏:美味冰激凌	1.课件:雷电和暴雨音频、图片及视频;黑色天空背景图;雷电、暴雨贴纸若干。 2.游泳池场景图、四件同款但长短不一的实物泳衣;四件同款但长短不一的泳衣卡片人手一套。 3.洗涤用品若干;勺子、吹泡泡工具每人一份;歌曲《泡泡爱唱歌》。 4.操作材料:胶水、彩色毛球、冰激凌筒图片若干。

续表

	艺术领域： 1.音乐游戏：夏天的雷雨 2.音乐儿歌：大西瓜 3.美工活动：夏天的服饰 4.手指点画：西瓜籽	1.音乐《夏天的雷雨》、打雷闪电的声音及图片。 2.西瓜一个、音乐《大西瓜》。 3.夏季服装图片、废旧材料、胶棒若干、海报纸。 4.切西瓜PPT、画纸、油画棒、黑色颜料、棉签、音乐《大西瓜》。
	活动名称	材料准备
	1.角色区：照顾娃娃、整理娃娃家、请客人吃西瓜、温馨娃娃家 2.阅读区：夏日的一天、今天是西瓜日 3.美工区：泥工、小小设计师、制作冰激凌、美丽的扇子 4.表演区：雷雨精灵、我爱洗澡 5.益智区：我的知了朋友、好玩的拼图 6.建构区：奇幻游泳池、夏的乐园 7.户外区：炒豆豆、玩水真快乐、丢手绢、揪尾巴	1.成品材料，如小床、沙发、茶几、各种小娃娃、公仔；各类厨具、水果、点心等；废旧材料，如电话、锅、碗、勺子；自制材料，如水果、点心等。 2.幼儿自带图书；幼儿园绘本：《夏日的一天》《今天是西瓜日》《下雨天》。 3.绘画材料：油画棒、水彩笔、蜡笔等。 辅助工具：固体胶、双面胶、花边剪等。辅助材料：橡皮泥、废纸、绳子等。 4.表演服饰、动物头饰，打击乐器，音响，洗澡用品。 5.拼图、动物图片（身体和尾巴分开）、矿泉水瓶、瓶盖、自制沙漏、磁性迷宫、知了图片等。 6.泡沫积木、奶粉罐、纸砖、纸箱纸盒等。 7.宽敞平坦的场地。
游戏活动	户外游戏： 1.木头人 2.袋鼠跳 3.抓知了 4.踩影子 5.下暴雨了 6.结冰 7.小兔子拔萝卜 8.平衡攀爬游戏 9.小鱼游啊游 10.走独木桥 11.袋鼠找妈妈 12.赶小羊 13.好玩的彩虹伞 14.小乌龟向前爬 15.小猪运西瓜 16.大鱼追小鱼 17.红格子、绿格子 18.老狼老狼几点了 19.吹泡泡 20.切西瓜	1.场地。 2.四个不同颜色的布口袋、平衡木。 3.宽敞的场地。 4.晴天、场地、放松音乐。 5.场景“家”。 6.宽敞平坦的场地。 7.呼啦圈若干。 8.平衡木、攀爬梯、垫子。 9.平坦宽阔的活动场地，快慢节奏音乐各一首，网架若干。 10.平衡板若干个、沙包若干。 11.大口袋4~6个；在较空旷的场地上，设置好一条路径的起点和终点。 12.皮球。 13.彩虹伞。 14.盒子、书包。 15.收纳桶、玩具西瓜、平衡木、轮胎。 16.大鱼小鱼纸偶、箱子。 17.塑料方块垫若干。 19.泡泡水。 20.宽敞场地。
生活活动	1.洗手时不玩水，保持地面干净。 2.口渴主动饮水，取水时自主排队。 3.能够自己穿脱衣服鞋子。 4.尝试整理自己的物品。 5.安静进餐、不挑食、不撒饭。餐后主动擦嘴，并按要求把碗勺放到指定位置。	
建议	1.结合时令、开展活动，如：吹泡泡、打水仗。 2.夏季天气炎热，控制幼儿冷饮，多喝白开水。 3.家园配合，做好防溺水安全教育工作。	

第一周教学工作计划表

本周工作重点		1.引导幼儿运用多种感官初步了解夏天的特征,激发幼儿对自然现象的探究欲望。 2.引导幼儿运用揉、捏、搓等技能进行泥工活动,锻炼幼儿手部肌肉。				
本周生活活动重点		1.能够根据自己的需要主动喝水,在取水时,主动排队。 2.能做到洗手时不玩水,保持地面干净。				
	内容	星期一	星期二	星期三	星期四	星期五
上午	集体活动	语言 夏天到	健康 运水果	社会 夏天的知了	科学 轰隆隆、哗啦啦	艺术 夏天的雷雨
	游戏活动	角色区 照顾娃娃	阅读区 夏日的一天	益智区 我的知了朋友	角色区 整理娃娃家	表演区 雷雨精灵
下午	游戏活动	木头人	袋鼠跳	抓知了	踩影子	下暴雨了
备注	绘本:《夏日的一天》。 儿歌:《喝水歌》《夏天到》。 手指游戏:"院子里的番茄""五指歌"。					

幼儿园班级日教学工作计划表

班级：　　　　　　　　第一周　　　　　　　星期一　　　　　　　教师：

时间	环节、内容及指导要点
8:30—9:00	晨检：为幼儿测体温、剪指甲；看幼儿精神面色是否正常；向家长询问幼儿睡眠、饮食、大小便情况及有无传染病接触史；检查所带物品是否安全；做好晨检记录。 晨间活动：幼儿自选区域、自选材料进行游戏。
9:00—10:00	户外活动： 1. 散步：观察植物角。 2. 体育锻炼：入场、热身、韵律操、器械操、放松、整理。
10:00—10:20	生活活动：指导幼儿多喝水，知道多喝水对身体好。
10:20—10:40	集体活动：夏天到。 主要领域：语言。 活动目标： 1. 学念童谣，初步了解夏天的季节特征。 2. 能用动作表示童谣内容。 活动准备：教学PPT。（儿歌见资源包） 活动过程： 1. 播放PPT，请幼儿说说听到了什么，看到了什么。 播放知了的叫声，请幼儿说说是什么昆虫的声音。 播放青蛙的叫声，请幼儿说说是什么小动物的声音。 播放荷花的图片，请幼儿说说看到了什么植物，荷花是什么颜色的。 2. 请幼儿猜猜这是什么季节。 教师总结：原来是夏天到了，知了在树上发出声音，青蛙在池塘里又蹦又跳，还有粉红色的荷花也开啦！ 3. 播放视频童谣《夏天到》，幼儿完整欣赏童谣。 4. 带领幼儿一起念童谣《夏天到》，尝试用肢体动作表现。 5. 幼儿分组轮流念童谣。 6. 请幼儿说一说，并带领幼儿到户外找一找：夏天到了，还有哪些动植物来到了我们身边？ （本教案由宜宾市江安县橙乡幼儿园汪晓英提供）
10:40—11:20	区域活动：角色区“照顾娃娃”。 区域目标：模仿爸爸妈妈照顾娃娃。 指导策略： 1. 活动前组织幼儿讨论，请幼儿以爸爸妈妈的身份照顾洋娃娃。 2. 幼儿自主游戏，如：喂洋娃娃喝水，给洋娃娃穿衣服，给洋娃娃讲故事等。 3. 结束后整理材料。
11:20—11:45	生活活动：喝水不玩闹。 餐前活动：阅读绘本《夏日的一天》。
11:45—12:15	午餐：教师介绍食谱，提醒幼儿用餐时细嚼慢咽。
12:15—12:30	餐后活动：户外散步。

续表

时间	环节、内容及指导要点
12:30—14:30	午睡:安静午睡,不在床上打闹。
14:30—15:00	起床整理:尝试自己穿衣服、鞋子。
15:00—15:15	点心:指导幼儿有序取点心。
15:15—16:00	户外活动:木头人。 游戏目标:锻炼平衡力,体验集体游戏的乐趣。 游戏准备:场地。 游戏玩法: 1.幼儿围在一起,一名幼儿站在中间。 2.游戏开始,幼儿拍手念儿歌并自由走动,念到最后一个字时,站在中间的幼儿做一个动作。其余幼儿迅速学样静止,学错动作或走动为失败。
16:00—16:10	离园整理:整理着装、个人物品。
反思及调整	

幼儿园班级日教学工作计划表

班级： 第一周 星期二 教师：

时间	环节、内容及指导要点
8:30—9:00	晨检：测体温，观察幼儿，检查幼儿所带物品，做好记录。 晨间活动：自选区域游戏，教师观察并适时指导。
9:00—10:00	户外活动： 1.散步：看看说说幼儿园户外环境，重点介绍自主建构区。 2.体育锻炼：入场、热身、韵律操、器械操、放松、整理。
10:00—10:20	生活活动：洗手不玩水。
10:20—10:40	集体活动：运水果。 主要领域：健康。 活动目标： 1.发展跑、钻、爬的能力，提高动作的灵活性、协调性。 2.喜欢参加体育游戏并学会自我保护。 活动准备： 红色锥形桶十个、绿色门洞六个、蓝色垫子六块、各种水果塑料制品若干、大果篮两个。 活动过程： 1.一个跟一个走，进行热身运动。 2.情景引入。 夏天来了，果园里的水果都成熟了，果农伯伯正为运送水果的事发愁，你们能帮帮他吗？ 3.讲解游戏规则及要求： (1)听到信号后，幼儿依次出发，每个幼儿一次只能运一个水果。 (2)绕过小山坡，钻过山洞到达果园，带好水果，爬过垫子回到出发点，将水果放进水果篮后归队。 4.幼儿分成两队游戏。 数数帮助果农伯伯运送了多少个水果。 5.放松活动。 做拍拍手臂、腿，扭扭腰、揉揉膝盖等放松运动。 （本教案由宜宾市江安县橙乡幼儿园姜毅提供）
10:40—11:20	区域活动：阅读区“夏日的一天”。 区域目标：激发阅读的积极性。 指导策略： 1.提醒幼儿用正确的姿势看书，轻轻翻阅，安静阅读。 2.重点指导阅读《夏日的一天》。
11:20—11:45	生活活动：提醒幼儿主动饮水。 餐前活动：手指游戏“院子里的番茄”。
11:45—12:15	午餐：引导幼儿进餐时细嚼慢咽，不发出较大声音，保持桌面整洁。
12:15—12:30	餐后活动：散步时提醒幼儿饭后不剧烈运动，慢慢走。
12:30—14:30	午睡：检查幼儿是否带异物上床，提醒幼儿摆放好自己的鞋袜，做好午休巡视。
14:30—15:00	起床整理：提醒幼儿起床后及时上厕所，如有尿湿要主动告知教师。
15:00—15:15	点心：提醒幼儿吃点心前记得洗手，指导幼儿排队按数取点心。

续表

时间	环节、内容及指导要点
15:15—16:00	户外活动:袋鼠跳 游戏目标:发展双脚跳能力,尝试往返接力。 游戏准备:四个不一样颜色的大布口袋、平衡木。 游戏玩法:幼儿分成人数相同的四队,每一队排头的幼儿系上大口袋当袋鼠妈妈,走过平衡木,跳到呼啦圈里,再从平地双脚跳回来把口袋交给下一名幼儿。
16:00—16:10	离园整理:整理书包及个人物品。
反思及调整	

幼儿园班级日教学工作计划表

班级：　　　　　　　　第一周　　　　　　　星期三　　　　　　教师：

时间	环节、内容及指导要点
8:30—9:00	晨检：测体温，观察幼儿，检查幼儿所带物品，做好记录。 晨间活动：幼儿自选区域进行游戏活动，教师随时观察幼儿的游戏情况。
9:00—10:00	户外活动： 1.散步：观察其他班级植物。 2.体育锻炼：入场、热身、韵律操、器械操、放松、整理。
10:00—10:20	生活活动：指导幼儿喝水时不边走边喝，要到座位坐好后再喝水。
10:20—10:40	集体活动：夏天的知了。 主要领域：社会。 活动目标： 1.懂得别人休息时要保持安静。 2.了解知了的鸣叫特点。 3.初步理解“打扰”的含义。 活动准备：知了图片、知了鸣叫音频、宝宝睡觉和被吵醒哭闹图片、认真做事图片（哥哥做作业、爸爸看报、姐姐画画等）。 活动过程： 1.教师播放知了鸣叫音频，导入活动。 你们听到了什么声音？ 知了是在天气炎热的夏天鸣叫还是在寒冷的冬天呢？ 知了鸣叫的声音，你们觉得好听吗？如果宝宝在睡觉，知了一直鸣叫会怎样？ 2.出示宝宝睡觉的图片，播放知了鸣叫的音频。 你们看到宝宝在做什么啊？ 谁在鸣叫？宝宝会怎么样？ 宝宝被吵醒了，那别人在休息时我们要怎么样？（引导幼儿说出别人在休息时，我们要不吵闹，保持安静） 除了在休息时不吵闹，别人认真做事时我们要去打扰吗？ 3.逐一出示图片，引导幼儿观察画面，通过对图片的观察，知道别人在认真做事时我们不能去打扰。 你们看看爸爸在做什么？我们要去打扰他吗？ 哥哥、姐姐在做什么？我们要去打扰他们吗？ 小朋友在认真玩玩具时，我们要去打扰他，或是破坏他的玩具吗？ 4.总结。 知了是夏天才有的昆虫，它一直不停地鸣叫会打扰别人休息，所以当别人在休息时，我们要保持安静，不要像知了一样去打扰别人。 （本教案由宜宾市江安县橙乡幼儿园王艳提供）
10:40—11:20	区域活动：益智区“我的知了朋友” 区域目标：培养观察力和比较能力。 指导策略：引导幼儿遵守规则，仔细观察，找到对应的图片。

续表

时间	环节、内容及指导要点
11:20—11:45	生活活动:洗手时不把水洒在地上。 餐前活动:阅读绘本《夏日的一天》。
11:45—12:15	午餐:提醒幼儿小心烫嘴,端饭时要端平慢走。
12:15—12:30	餐后活动:散步时不跑,不跳,慢慢走。
12:30—14:30	午睡:巡回观察。
14:30—15:00	起床整理:指导幼儿尝试自己穿鞋子,提醒幼儿起床后上厕所,如有尿湿床的要主动告知教师。
15:00—15:15	点心:请幼儿洗手后自主按数取点心。
15:15—16:00	户外活动:抓知了。 游戏目标:锻炼在奔跑过程中的躲闪能力。 游戏准备:宽敞的场地。 游戏玩法: 1.教师当抓知了的人,幼儿当知了,教师念儿歌"知了飞,知了叫,知了飞到树梢上;知了飞,知了叫,知了来了快抓到。"幼儿在教师念儿歌时自由做动作,当念到"知了来了快抓到"时,幼儿要像知了一样保持不动,动的幼儿就被教师抓住。 2.尝试请幼儿当抓知了的人。
16:00—16:10	离园整理:离园前物品整理。
反思及调整	

幼儿园班级日教学工作计划表

班级： 第一周 星期四 教师：

时间	环节、内容及指导要点
8:30—9:00	晨检：测体温，观察幼儿，检查幼儿所带物品，做好记录。 晨间活动：幼儿自选区域，重点观察阅读区幼儿的阅读习惯。
9:00—10:00	户外活动： 1.游戏：吹泡泡。 2.体育锻炼：入场、热身、韵律操、器械操、放松、整理。
10:00—10:20	生活活动：喝水时按需取水，不浪费。
10:20—10:40	集体活动：轰隆隆、哗啦啦。 主要领域：科学。 活动目标： 1.初步感知夏天雷电、暴雨等明显的天气特征。 2.对雷电、暴雨等自然现象感兴趣。 活动准备： 1.课件：雷电、暴雨的音频、图片及视频。 2.黑色天空背景图一张、雷电和暴雨贴纸若干。 活动过程： 1.感知雷电、暴雨的声音。 播放课件中的打雷下雨音效，幼儿听声音猜测是什么声音。 师幼交流讨论，师总结听到的是雷声、暴雨声。 幼儿自由模拟发出雷电、暴雨的声音。 2.感知雷电、暴雨的明显特征。 出示图片：雷电、暴雨。 提问：你们看到了什么？图片中分别出现了哪些自然现象？这些现象常出现在什么季节？ 师总结雷电、暴雨等都是夏天常见的自然现象。 分别播放雷电、暴雨的视频，引导幼儿观察并描述其明显特征。 幼儿用身体或动作自由表现出雷电、暴雨。 3.角色游戏：雷电暴雨。 幼儿自由选择雷电或暴雨的角色并贴上角色标识。 游戏一：雷电来啦。 师说口令“雷电来啦”，扮演雷电的幼儿则用身体或手势表现雷电出现的样子，并模拟发出雷电出现时的声音。 游戏二：暴雨来啦。 师说口令“暴雨来啦”，扮演暴雨的幼儿则用身体扮演下暴雨的样子，并模拟发出暴雨出现时的声音。 游戏三：雷电暴雨来啦。 师说口令“雷电暴雨来啦”，幼儿分角色用身体表现出雷电暴雨的样子并模拟发出声音。 （本教案由宜宾市江安县橙乡幼儿园刘茂提供）
10:40—11:20	区域活动：角色区“整理娃娃家”。 区域目标：能对物品进行归类摆放，初步养成收拾物品的习惯。 指导策略：由娃娃饿了引入，请幼儿为娃娃准备午餐，餐后引导幼儿帮娃娃擦嘴、换衣服、午休、整理收拾房间，重点指导幼儿按照标记及自己的游戏经验将娃娃家杂乱的物品归类摆放。

续表

时间	环节、内容及指导要点
11:20—11:45	生活活动:我的小手最干净。 餐前活动:演唱儿歌《喝水歌》。
11:45—12:15	午餐:介绍食谱,提醒幼儿安静进餐,注意细嚼慢咽。
12:15—12:30	餐后活动:散步,提示幼儿慢慢走,不剧烈运动。
12:30—14:30	午睡:引导幼儿安静入睡,幼儿午休过程中加强巡视。
14:30—15:00	起床整理:引导幼儿自己穿衣裤、如厕和喝水,教师适时协助。
15:00—15:15	点心:介绍点心,排队取点心。
15:15—16:00	户外活动:踩影子。 游戏目标: 1.提高奔跑过程中的躲闪能力。 2.感知光和影子的关系,体验游戏的乐趣。 游戏准备:晴朗的天气,平坦的活动场地,放松音乐。 游戏玩法: 在晴朗的天气(若下午气温太高,则可安排在上午),幼儿在阳光下踩自己和同伴的影子,通过奔跑与躲闪避免同伴踩到自己的影子等。
16:00—16:10	1.离园整理:整理书包及个人物品。 2.提醒幼儿周五是玩具分享日。
反思及调整	

幼儿园班级日教学工作计划表

班级：　　　　第一周　　　　星期五　　　　教师：

时间	环节、内容及指导要点
8:30—9:00	晨检:测体温,观察幼儿,检查幼儿所带物品,做好记录。 晨间活动:玩具分享。(鼓励幼儿大胆向同伴介绍自己玩具的玩法;需要交换玩具时能主动交流;爱惜玩具)
9:00—10:00	户外活动: 1.体育锻炼:入场、热身、韵律操、器械操、放松、整理。 2.散步:在园内捡树叶、石子等自然材料丰富美工区。
10:00—10:20	生活活动:喝水前注意水温,提示幼儿自主取水时少量多次。
10:20—10:40	集体活动:夏天的雷雨。 主要领域:艺术。 活动目标: 1. 了解夏天雷雨闪电的天气特征。 2. 理解歌曲内容,练习用一问一答的形式进行歌曲演唱。 3. 乐意参加音乐活动,体验音乐活动的乐趣。 活动准备: 1. 音乐《夏天的雷雨》、打雷闪电的声音及图片。 2. 幼儿有演唱问答式歌曲的经验。 活动流程: 1. 播放打雷和闪电的声音导入: 听,这是什么声音? 发生什么了? 闪电是什么样的? 打雷的声音是怎样的呢? 打雷闪电时还会怎么样? 2. 出示闪电和打雷的照片,小结这一自然现象。 3. 师播放歌曲,帮助幼儿熟悉歌曲,启发幼儿用身体表现闪电、打雷和下雨。 你们听到了什么? 能用身体发出打雷的轰隆声吗? 闪电和下雨又可以怎么表现呢? 4. 师进一步带领幼儿熟悉歌曲,同时帮助幼儿练习一问一答的演唱形式。 5. 师幼用一问一答的形式结合身体动作进行歌曲演唱。 (1)师扮演问的一方,幼儿根据歌词内容进行回答。 (2)幼儿扮演问的一方,师则进行回答。 (3)幼儿分为男生组和女生组进行一问一答演唱练习。 6. 幼儿熟悉歌曲和演唱形式后,师请幼儿自由结伴分组进行表演,过程中鼓励幼儿加入自己创编的动作。 (本教案由宜宾市江安县橙乡幼儿园李国婷提供)
10:40—11:20	区域活动:表演区"雷雨精灵"。 区域目标:幼儿根据音乐大胆用身体动作表现对闪电、打雷和下雨的理解。 指导策略: 1.鼓励幼儿大胆用身体动作表现。 2.鼓励幼儿积极与同伴谈论,相互模仿学习。
11:20—11:45	生活活动:盥洗,提示幼儿排队时不推挤。 餐前活动:手指游戏"五指歌"。
11:45—12:15	午餐:提醒幼儿餐后主动擦嘴,将碗勺放到指定位置。
12:15—12:30	餐后活动:散步。

续表

时间	环节、内容及指导要点
12:30—14:30	午睡:巡视幼儿午睡情况,重点观察未入睡幼儿,发现异常及时处理。
14:30—15:00	起床整理:帮助和鼓励幼儿自己穿衣叠被,检查幼儿衣着是否整齐。
15:00—15:15	点心:教师向幼儿介绍点心,组织幼儿有序自取点心。
15:15—16:00	户外活动:下暴雨了。 游戏目标:发展应变能力和奔跑能力。 游戏准备:用垫子或其他低矮可挡物布置成“家”。 游戏玩法: 当教师说“下小雨了”,幼儿边念“淅沥淅沥”边拍手轻轻走路散开;教师说“下大雨了”,幼儿边念“哗啦哗啦”边跺脚;教师说“下暴雨了”,幼儿快速跑回“家”。
16:00—16:10	离园整理:帮助幼儿收拾整理自己的个人物品,做好离园准备。
反思及调整	

第二周教学工作计划表

<table>
<tr><td colspan="2">本周工作重点</td><td colspan="5">1.通过家园配合,帮助幼儿尝试学习自己洗澡。
2.在操作中,引导幼儿积极与材料互动,体验数学活动的乐趣。
3.引导幼儿利用废旧材料,以粘贴画的方式装饰夏日服装。</td></tr>
<tr><td colspan="2">本周生活活动重点</td><td colspan="5">1.安静进餐,不挑食,不撒饭。
2.餐后主动擦嘴,按要求把碗勺放到指定位置。</td></tr>
<tr><td></td><td>内容</td><td>星期一</td><td>星期二</td><td>星期三</td><td>星期四</td><td>星期五</td></tr>
<tr><td rowspan="2">上午</td><td>集体活动</td><td>语言
夏天的太阳真顽皮</td><td>健康
我爱洗澡</td><td>社会
喝水啦</td><td>科学
泳衣大集合</td><td>艺术
夏天的服饰</td></tr>
<tr><td>游戏活动</td><td>建构区
奇幻游泳池</td><td>表演区
我爱洗澡</td><td>户外区
炒豆豆</td><td>户外区
玩水真快乐</td><td>美工区
泥工</td></tr>
<tr><td>下午</td><td>游戏活动</td><td>结冰</td><td>小兔子拔萝卜</td><td>平衡攀爬游戏</td><td>小鱼游啊游</td><td>走独木桥</td></tr>
<tr><td>备注</td><td colspan="6">绘本:《奇奇的夏天》。
儿歌:《吃饭歌》《哈巴狗》。
手指游戏:“小动物做游戏”“小兔子盖新房”。</td></tr>
</table>

幼儿园班级日教学工作计划表

班级:　　　　　　　　　　第二周　　　　　　星期一　　　　　　教师:

时间	环节、内容及指导要点
8:30—9:00	晨检:测体温,剪指甲,观察幼儿,检查幼儿所带物品,做好记录。 晨间活动:幼儿自选区域、自选材料进行游戏。
9:00—10:00	户外活动: 1.散步:观察植物角、照顾植物。 2.体育锻炼:入场、热身(跑步)、韵律操、器械操、放松、整理。
10:00—10:20	生活活动:我的小手真干净。
10:20—10:40	集体活动:夏天的太阳真顽皮。 主要领域:语言。 活动目标: 1.喜欢聆听儿歌并学念儿歌。 2.喜欢参与游戏活动并大胆表现。 活动准备: 1.有晒过夏天的太阳的生活经验。 2.教学图片(太阳、红色的刷子、游泳的人、骑车的人、卖瓜的人、踢球的人)、太阳头饰、红色的刷子一把。 活动过程: 1.请幼儿说说夏天的太阳照在身上的感觉。 2.教师依次出示教学图片,引导幼儿观察图片,讲述图片内容。 夏天的太阳在做什么? 图中的人物被太阳刷成什么样子了? 3.教师念儿歌,请幼儿倾听并讲述画面内容。 夏天的太阳用红刷子刷了哪些人? 夏天的太阳把屋子外面的人刷成什么样了? 你喜欢夏天的太阳吗,为什么? 4.师幼共念儿歌,请幼儿说一说太阳还会刷哪些人。 5.游戏:夏天的太阳真顽皮。 玩法:师幼共念儿歌,当教师说“刷刷小朋友的头”,幼儿做摸头的动作,刷肩就做摸肩的动作,以此类推。 (本教案由宜宾市江安县橙乡幼儿园汪晓英提供)
10:40—11:20	区域活动:建构区“奇幻游泳池”。 区域目标:尝试利用建构材料,通过垒高和围合修建游泳池。 指导策略: 1.师幼欣赏游泳池图片,帮助幼儿了解其形状特征。 2.引导幼儿认识建构材料——纸砖。 3.幼儿进行游戏,尝试建构游泳池。 4.展示、欣赏幼儿作品。 5.整理材料。
11:20—11:45	生活活动:我不挑食。 餐前活动:阅读绘本《奇奇的夏天》。
11:45—12:15	午餐:介绍食物,提醒幼儿注意细嚼慢咽。

续表

时间	环节、内容及指导要点
12:15—12:30	餐后活动:散步种植园,观察植物的变化;提醒幼儿慢走,不追跑打闹。
12:30—14:30	午睡:尝试自己脱衣服、鞋子,安静入睡。
14:30—15:00	起床整理:尝试自己穿鞋。
15:00—15:15	点心:引导幼儿自主取点心。
15:15—16:00	户外活动:结冰。 游戏目标: 1.学习四散奔跑并听信号迅速停下。 2.在游戏中探索迅速结冰的方法。 3.能积极地参与游戏活动,并在游戏中学会自我保护。 游戏准备:宽阔平坦的场地。 游戏玩法:幼儿在场地上一边自由做走、跑动作,一边听教师数1~10,当数到10的时候,教师发出口令“结冰”。全体幼儿就任意几人拥抱在一起不动,老师说“冰化了”,幼儿散开继续自由做走、跑动作,如此重复游戏。
16:00—16:10	离园整理:整理小书包。
反思及调整	

幼儿园班级日教学工作计划表

班级：　　　　第二周　　　　星期二　　　　教师：

时间	环节、内容及指导要点
8:30—9:00	晨检:测体温,观察幼儿,检查幼儿所带物品,做好记录。 晨间活动:自选区域活动。
9:00—10:00	户外活动: 1.游戏:抓知了。 2.体育锻炼:入场、热身(跑步)、韵律操、器械操、放松、整理。
10:00—10:20	生活活动:引导幼儿正确如厕,提醒幼儿如厕后要冲水和洗手。
10:20—10:40	集体活动:我爱洗澡。 主要领域:健康。 活动目标: 1.喜欢洗澡,养成良好的卫生习惯。 2.初步学习自己洗澡。 活动准备:猪小弟图片、洗澡用品图片;音乐《猪小弟》《我爱洗澡》、仙女棒。 活动过程: 1.出示哭泣小猪图片,激起幼儿兴趣。 2.播放音乐《猪小弟》,引入活动。 提问:猪小弟有朋友和它玩游戏吗？为什么？妈妈说了什么？ 小结:洗澡可以让它变干净,朋友们才愿意和它玩。 3.出示洗澡用品图片,请幼儿为猪小弟选一选洗澡用品。 4.洗完澡的猪小弟变得怎样了？猜猜它交到朋友了吗。 5.小结:运动后会出汗,会产生细菌,洗澡可以让我们变得很干净,经常洗澡,可以保护我们的皮肤。 6.组织幼儿讨论:洗澡要洗哪些部位？什么时候需要洗澡？ 7.与幼儿一起创编洗澡的动作:洗头、洗手、洗身体、洗脚、冲水。 请幼儿做一做洗澡动作,回家尝试自己洗澡。 8.游戏:我爱洗澡。 规则:教师用仙女棒指到身体的哪个部位,幼儿就洗哪里。 (本教案由宜宾市江安县橙乡幼儿园姜毅提供)
10:40—11:20	区域活动:表演区"我爱洗澡"。 活动目标:激发参与律动表演的兴趣。 指导策略:在律动表演中,鼓励幼儿运用创编的动作随音乐节奏大胆进行表演。
11:20—11:45	生活活动:洗手。 餐前活动:演唱儿歌《吃饭歌》。
11:45—12:15	午餐:指导幼儿正确使用餐具,做到不挑食、不浪费。
12:15—12:30	餐后散步。
12:30—14:30	午睡:安静入睡,不蒙头睡、不趴着睡。
14:30—15:00	起床整理:指导幼儿区分左右脚,尝试正确穿鞋。
15:00—15:15	点心:排队取点心,引导幼儿吃完点心整理桌面,将包装袋放入垃圾桶。
15:15—16:00	户外活动:小兔子拔萝卜。 游戏目标:练习跑、跳基本技能。 游戏准备:呼啦圈若干。 游戏玩法: 1.用呼啦圈进行热身活动。 2.教师扮演大灰狼,幼儿扮演小兔子,将呼啦圈放地上作为小兔的家,小兔子出来拔萝卜,要注意躲避大灰狼的追逐,当儿歌念到跑时,要跳进一个呼啦圈躲起来。(儿歌见资源包)
16:00—16:10	离园整理:整理书包及个人物品。
反思及调整	

幼儿园班级日教学工作计划表

班级：　　　　　　第二周　　　　　　星期三　　　　　　教师：

时间	环节、内容及指导要点
8:30—9:00	晨检：测体温，观察幼儿，检查幼儿所带物品，做好记录。 晨间活动：自选桌面玩具进行游戏活动，教师随时观察幼儿活动情况。
9:00—10:00	户外活动： 1.建构活动：用纸箱、纸盒等进行自由搭建。 2.体育锻炼：入场、热身（跑步）、韵律操、器械操、放松、整理。
10:00—10:20	生活活动：有序排队取水杯喝水。
10:20—10:40	活动名称：喝水啦。 主要领域：社会。 活动目标： 1.能自觉排队，懂得遵守规则。 2.知道天热了要多喝水。 3.初步养成礼让、喜欢帮助别人的良好品质。 活动准备：幼儿喝水混乱的照片、排队的照片。 活动过程： 1.教师出示幼儿喝水混乱的照片，引起幼儿兴趣。 照片里的小朋友在做什么？ 大家一起围过去接水喝好吗？应该怎么做？ 2.谈话活动，引导幼儿回忆生活中的排队场景，了解自觉排队是讲文明礼仪的良好品德，同时培养幼儿的讲述能力。 在幼儿园喝水要排队，还有哪些地方需要排队？你们是怎样做的呢？ 你们知道什么时候要排队了吗？（当很多人在做同一件事情的时候） 那为什么要排队呢？（引导幼儿说出排队可以变得很有序，不乱不挤） 排队应该怎样排呢？后来的人站前面还是后面？ 3.小结：在人多的地方，我们要学会自觉排队，不能去插队，插队是不文明不礼貌的行为。但是，有时在特殊的情况下我们要同意别人插队。 4.出示特殊情况时的照片（医院、厕所等场所有人急需帮助的照片），幼儿通过对画面的观察，感知礼让的良好品质。 画面里大家都在排队，可突然来了一个受伤流血的小朋友，这时我们可以怎样做？ 在商场的厕所里，大家都在排队上厕所，可一个小妹妹快要憋不住了，怎么办？ 小结：我们每个人都要自觉排队，但当别人需要帮助时，我们要积极主动帮助别人，帮助别人是一种良好的行为品德。 （本教案由宜宾市江安县橙乡幼儿园王艳提供）
10:40—11:20	区域活动：户外区“炒豆豆”。 区域目标：提高相互合作能力。 指导策略：指导幼儿两两相对而立，手牵手，边念儿歌，边有节奏地向左右协调摆手。儿歌念到最后一句时，两人举起一侧的手臂来共同钻过并翻转身体180度，还原姿势。
11:20—11:45	生活活动：指导幼儿有序排队取水杯喝水。 餐前活动：阅读绘本《奇奇的夏天》。
11:45—12:15	午餐：幼儿尝试介绍食谱，教师提醒幼儿细嚼慢咽，不大口包饭。
12:15—12:30	餐后活动：散步。

续表

时间	环节、内容及指导要点
12:30—14:30	午睡:巡回观察。
14:30—15:00	起床整理:指导幼儿尝试自己穿鞋子,提醒幼儿起床后上厕所。
15:00—15:15	点心:介绍点心,指导幼儿排队取点心。
15:15—16:00	户外活动:平衡攀爬游戏。 游戏目标:锻炼平衡能力和攀爬技能。 游戏准备:平衡木、攀爬梯、垫子。 游戏玩法: 1.热身运动。 2.请幼儿依次走过平衡木,爬过垫子和攀爬梯到达目的地,不掉下去则成功。 3.幼儿熟悉后分两组进行比赛,先到为胜。
16:00—16:10	离园整理。
反思及调整	

幼儿园班级日教学工作计划表

班级：　　　　　　第二周　　　　　星期四　　　　　教师：

时间	环节、内容及指导要点
8:30—9:00	晨检:查看幼儿精神情绪及体温情况,检查幼儿有无外伤。 晨间活动:幼儿自选区域游戏,重点观察区域活动中幼儿的自主游戏行为。
9:00—10:00	户外活动: 1.游戏:结冰。 2.体育锻炼:入场、热身(跑步)、韵律操、器械操、放松、整理。
10:00—10:20	生活活动:喝水、如厕。
10:20—10:40	集体活动:泳衣大集合。 主要领域:科学。 活动目标: 1.能积极与材料互动,体验数学活动的乐趣。 2.通过两两比较的方法找出四件泳衣中最长的和最短的。 3.初步理解从长到短或从短到长的顺序关系,尝试按长度排序。 活动准备: 1.游泳池场景图。 2.四件同款但长短不一的泳衣实物。 3.操作材料:四件同款但长短不一的泳衣卡片人手一套。 活动过程: 1.谈话导入,引出泳衣。 2.泳衣大集合。 出示四件长短不一的实物泳衣,请幼儿仔细观察,并说说有什么一样和不一样的地方,引导幼儿说出它们的长短不一样。 请幼儿进行观察比较,并说出四件泳衣中最长的和最短的。 引导幼儿用两两比较的方法,分别说出四件泳衣中的最长、长、短和最短。 3.幼儿自主尝试给泳衣排排队。 请小朋友把泳衣按一定的顺序挂在衣架上。 请幼儿尝试说出排列的顺序。 再次引导幼儿用两两比较的方法,将泳衣按从长到短或从短到长的顺序进行排列。 4.操作游戏:按长短排队。 师讲述操作规则,请幼儿按照从长到短或从短到长的顺序对泳衣进行排队。 幼儿操作,师观察指导。 幼儿交流分享排队结果。 5.活动延伸。 将操作材料提供到益智区,让幼儿继续练习排序。 (本教案由宜宾市江安县橙乡幼儿园刘茂提供)
10:40—11:20	区域活动:户外区“玩水真快乐”。 区域目标:探索各种玩水工具能否盛水。 指导策略:(若幼儿园无沙水区,可用几个大盆盛水让幼儿探索)引导幼儿观察水流动的现象,引导幼儿讨论哪些工具能盛水,哪些工具不能盛水,并验证。
11:20—11:45	生活活动:垃圾不乱扔。 餐前活动:手指游戏“小兔子盖新房”。
11:45—12:15	午餐:介绍食物,关注特殊体质儿童的饮食,适时调整食物搭配。

续表

时间	环节、内容及指导要点
12:15—12:30	餐后活动:散步。
12:30—14:30	午睡。
14:30—15:00	起床整理:听音乐起床,不赖床,引导幼儿自己穿鞋,教师适时协助。
15:00—15:15	点心:师幼共同讨论点心的形状及味道,引导幼儿排队取点心。
15:15—16:00	户外活动:小鱼游啊游。 游戏目标:遵守游戏规则,发展身体的灵活性。 游戏准备:平坦宽阔的活动场地,快慢节奏音乐各一首,网架若干。 游戏玩法: 1.师带领幼儿用身体自由模仿小鱼游。(感受音乐的节奏,节奏快就快游,节奏慢就慢游) 2.小鱼游啊游:幼儿扮演小鱼,音乐响起,小鱼出来自由游,遇到网架,小鱼弯曲身体躲避渔网游,小鱼游时若身体触碰到渔网则会被渔网网住。
16:00—16:10	1.离园整理:整理书包及个人物品。 2.提醒幼儿周五是玩具分享日。
反思及调整	

幼儿园班级日教学工作计划表

班级： 第二周 星期五 教师：

时间	环节、内容及指导要点
8:30—9:00	晨检：检查幼儿面部、体温和情绪，是否带危险物品入园。 晨间活动：玩具分享。
9:00—10:00	户外活动： 1.自主建构：利用纸箱、纸盒等进行自主搭建。 2.体育锻炼：入场、热身(跑步)、韵律操、器械操、放松、整理。
10:00—10:20	生活活动：洗手时不玩水，不弄湿自己和同伴的衣物。
10:20—10:40	集体活动：夏天的服饰。 主要领域：艺术。 活动目标： 1.了解夏季服装的特征，以粘贴画的方式装饰不同的夏日服装。 2.尝试和同伴合作完成作品，体验成功的乐趣。 活动准备： 夏季服装图片、各种废旧材料(报纸、碎布片、垃圾袋等)、胶棒若干、提前画出夏季服饰轮廓图的海报纸。 活动流程： 1.导入活动：播放夏季服装的图片，师幼共同谈论其特点。 2.装饰夏季服饰。 介绍操作材料。 幼儿分组操作，教师巡回指导。两人为一组，每组提供相应材料，提示幼儿在活动中和同伴共同完成作品。 3.欣赏讨论。 幼儿介绍作品，说说都用了什么材料，过程中遇到什么困难等。 (本教案由宜宾市江安县橙乡幼儿园李国婷提供)
10:40—11:20	区域活动：美工区“泥工”。 区域目标：运用捏、搓、揉等技能进行泥工活动，锻炼手部小肌肉。 指导策略： 1.活动前向幼儿介绍活动材料和注意事项，提醒幼儿不将太空泥放进嘴巴、耳朵等部位，和同伴友好合作，不争抢玩具。 2.幼儿自主游戏，教师观察指导。 3.作品交流展示。 4.引导幼儿整理材料，洗手。
11:20—11:45	生活活动：安静进餐，鼓励幼儿不挑食，不剩饭。 餐前活动：演唱儿歌《哈巴狗》。
11:45—12:15	午餐：提醒幼儿餐后主动擦嘴，将碗勺放到指定位置。
12:15—12:30	餐后散步。
12:30—14:30	午睡：巡视幼儿午睡情况，发现异常及时处理。
14:30—15:00	起床整理：鼓励幼儿自己穿衣叠被，检查衣着是否整齐。

续表

时间	环节、内容及指导要点
15:00—15:15	点心:教师介绍点心,幼儿有序自取点心。
15:15—16:00	户外活动:走独木桥。 游戏目标:发展幼儿的平衡能力。 游戏准备:平衡板若干个、沙包若干。 游戏玩法: 1.分两队进行比赛,看哪组的小朋友最先到达终点。 2.增加难度再次游戏,头顶沙包,双手打开,在走的过程中,沙包不能掉地上,如沙包掉地上,幼儿要从头再来。
16:00—16:10	离园整理:整理个人物品。
反思及调整	

第三周教学工作计划表

<table>
<tr><td colspan="2">本周工作重点</td><td colspan="5">1.引导幼儿初步了解夏季的食物及饮食特点,知道如何健康地度过夏天。
2.引导幼儿 经常涂涂画画、粘粘贴贴并乐在其中。
3.培养幼儿的平衡能力,使其在攀爬活动中发展身体的协调性及灵活性。</td></tr>
<tr><td colspan="2">本周生活活动重点</td><td colspan="5">1.学习整理自己的物品,乐意参与活动后的整理工作。
2.在教师指导下学习自己穿脱衣物、扣扣子、拉拉链等。</td></tr>
<tr><td></td><td>内容</td><td>星期一</td><td>星期二</td><td>星期三</td><td>星期四</td><td>星期五</td></tr>
<tr><td rowspan="2">上午</td><td>集体活动</td><td>语言
太阳想吃冰激凌</td><td>健康
不贪吃冷饮</td><td>社会
夏日冷餐会</td><td>艺术
大西瓜</td><td>科学
美味冰激凌</td></tr>
<tr><td>游戏活动</td><td>阅读区
今天是西瓜日</td><td>户外区
丢手绢</td><td>美工区
小小设计师</td><td>角色区
请客人吃西瓜</td><td>美工区
制作冰激凌</td></tr>
<tr><td>下午</td><td>游戏活动</td><td>袋鼠找妈妈</td><td>赶小羊</td><td>好玩的彩虹伞</td><td>小乌龟向前爬</td><td>小猪运西瓜</td></tr>
<tr><td>备注</td><td colspan="6">绘本:《今天是西瓜日》。
儿歌:《穿衣歌》《洗手歌》。
手指游戏:“小兔子盖新房”“院子里的番茄”。</td></tr>
</table>

幼儿园班级日教学工作计划表

班级：　　　　　　第三周　　　　　星期一　　　　　教师：

时间	环节、内容及指导要点
8:30—9:00	晨检：测体温、剪指甲，观察幼儿，检查幼儿所带物品，做好记录。 晨间活动：幼儿自选区域游戏，教师观察幼儿游戏情况。
9:00—10:00	户外活动： 1.散步：观察植物角、照顾植物。 2.体育锻炼：入场、热身(双脚跳)、韵律操、器械操、放松、整理。
10:00—10:20	生活活动：喝水、如厕。
10:20—10:40	集体活动：太阳想吃冰激凌。 主要领域：语言。 活动目标： 1.根据画面讲述故事内容。 2.尝试表演故事。 活动准备： PPT、角色胸卡(太阳、长颈鹿、大灰熊、大狮子、小猴子、小老鼠、小狐狸、风婆婆、绿太阳)、自制冰激凌道具(树叶味、鳄鱼味、肉骨头味、香蕉味、浆果味)。 活动过程： 1.幼儿说说吃过哪些味道的冰激凌。 2.播放PPT，引导幼儿观察画面。 故事里有哪些小动物？ 3.再次了解故事内容。 小动物们送了什么味的冰激凌？太阳吃到了吗？小狐狸想了什么办法？太阳吃到冰激凌后发生了什么？ 4.完整讲述故事，幼儿倾听。 5.情境表演，巩固理解。 教师分配角色，师念旁白，幼儿表演故事。 (本教案由宜宾市江安县橙乡幼儿园汪晓英提供)
10:40—11:20	区域活动：阅读区“今天是西瓜日”。 区域目标： 1.仔细观察画面内容，并尝试用语言进行表达。 2.感受故事中大家吃西瓜的快乐心情。 指导策略： 1.介绍阅读区新书《今天是西瓜日》。 2.提醒幼儿在阅读时，要做到爱惜图书，一页一页阅读图书。
11:20—11:45	生活活动：提醒幼儿饭前便后洗手。 餐前活动：阅读绘本《今天是西瓜日》。
11:45—12:15	午餐：介绍食谱，关注幼儿饮食量。
12:15—12:30	餐后散步，提醒幼儿一个跟着一个走，不推拉跑跳。
12:30—14:30	午睡：指导幼儿保持正确睡姿，不蒙头睡觉。
14:30—15:00	起床整理：自己穿衣服鞋子。
15:00—15:15	点心：认识点心，说说点心包装、数量、形状等。

续表

时间	环节、内容及指导要点
15:15—16:00	户外活动:袋鼠找妈妈。 游戏目标:练习双脚连续向前跳。 游戏准备:大口袋4~6个;在较空旷的场地上,设置好一条路径的起点和终点。 游戏玩法: 1.教师介绍场地,讲解玩法。 2.教师扮演袋鼠妈妈,幼儿扮演小袋鼠。3~5名幼儿一组,幼儿分组游戏。从起点往终点跳,谁先跳到妈妈身边,妈妈就将他抱起来转两圈,后到的幼儿转一圈。
16:00—16:10	离园整理:检查幼儿着装,提醒幼儿整理物品。
反思及调整	

幼儿园班级日教学工作计划表

班级：　　　　第三周　　　　星期二　　　　教师：

时间	环节、内容及指导要点
8:30—9:00	晨检:测体温,观察幼儿,检查幼儿所带物品,做好记录。 晨间活动:幼儿自选区域游戏,教师重点观察区域活动中幼儿的自主游戏行为。
9:00—10:00	户外活动: 1.游戏:炒豆豆。 2.体育锻炼:入场、热身(双脚跳)、韵律操、器械操、放松、整理。
10:00—10:20	生活活动:多喝水,不贪喝饮料。
10:20—10:40	集体活动:不贪吃冷饮。 主要领域:健康。 活动目标: 1.知道夏季一些常见的冷饮。 2.知道口渴主动饮用白开水,不贪吃冷饮,养成健康的饮食习惯。 活动准备:冰激凌、雪糕图片。 活动过程: 1.出示冰激凌、雪糕图片,谈话导入。 你吃过吗? 吃冰激凌时有什么感觉? 什么季节吃冰激凌? 2.讲述故事——冰激凌小宝宝。(故事详见资源库) 3.讨论:食用冷饮的注意事项。 小结:冷饮虽好吃,但要少吃,吃多身体会不舒服;天气炎热时,我们可以选择多喝开水、吃水果帮助身体凉爽下来。 (本教案由宜宾市江安县橙乡幼儿园姜毅提供)
10:40—11:20	区域活动:丢手绢。 区域目标:体验追逐的快乐。 指导策略:做好游戏前场地及着装检查工作;游戏中教师积极参与,调动幼儿积极性。
11:20—11:45	生活活动:我会扣扣子、拉拉链。 餐前活动:手指游戏"院子里的番茄"。
11:45—12:15	午餐:介绍食物,餐后将碗勺放到指定位置。
12:15—12:30	餐后散步。
12:30—14:30	午睡:教师巡回观察幼儿午睡情况,提醒幼儿不捂头睡、不趴着睡。
14:30—15:00	起床整理:尝试自己穿衣叠被。
15:00—15:15	点心:排队自主取点心。

续表

时间	环节、内容及指导要点
15:15—16:00	户外活动:户外区“赶小羊”。 游戏目标:练习向指定位置滚球。 游戏准备:皮球。 游戏玩法: 1.赶小羊外出吃草。(自由练习) 重点提醒幼儿滚球时必须用双手向前滚。 2.赶小羊回家。(分组竞赛) 幼儿分为四组,听口令双手滚动皮球到指定的位置(小羊的家),再快速跑回拍下一位幼儿的手,该幼儿接力赶小羊回家,哪组先将小羊全部赶回家,即为胜利。
16:00—16:10	离园整理:整理书包及个人物品。
反思及调整	

幼儿园班级日教学工作计划表

班级：　　　　　第三周　　　　　星期三　　　　　教师：

时间	环节、内容及指导要点
8:30—9:00	晨检:测体温,观察幼儿,检查幼儿所带物品,做好记录。 晨间活动:自选区域游戏。
9:00—10:00	户外活动: 1.散步:观察其他班级植物角。 2.体育锻炼:入场、热身(双脚跳)、韵律操、器械操、放松、整理。
10:00—10:20	生活活动:提醒幼儿及时如厕。
10:20—10:40	集体活动:夏日冷餐会。 主要领域:社会。 活动目标: 1.能与朋友主动分享食物,体验分享的快乐。 2.能领会分享的含义。 活动准备:家长提前为幼儿准备好适量食品、点心盘、餐具、轻音乐、故事《小猴送水果》。 活动过程: 1.讲述故事《小猴送水果》,引入主题。(故事见资源库) 小猴把水果送给了谁? 小猴送完水果回家发现家门口堆满了水果,谁送的? 2.分享食品,感受分享的快乐。 你们喜欢吃什么?今天你们带来了吗?你们要和谁一起分享? 如果你们带了别人喜欢吃的食物,你们愿意分享吗? 如果你们想吃别人带来的食物,你们可以怎么做?你们要怎样说? 当你们分享到别人的食物,心情怎样? 怎样才能品尝到更多的美食? 3.整理场地,鼓励幼儿在生活中与人分享。 你和谁分享美食?心情怎样?生活中还可以分享什么? (本教案由宜宾市江安县橙乡幼儿园王艳提供)
10:40—11:20	区域活动:美工区"小小设计师"。 区域目标: 1.能运用工具设计小拖鞋,发展表现美、创造美的能力。 2.训练小肌肉动作。 指导策略: 1.观察幼儿的材料使用情况。 2.提醒幼儿可以用废纸进行装饰。
11:20—11:45	生活活动:饭前便后要洗手。 餐前活动:阅读绘本《今天是西瓜日》。
11:45—12:15	午餐:提醒幼儿喝汤时两手端平,避免洒在地上。
12:15—12:30	餐后散步:提示幼儿慢走,不剧烈运动。
12:30—14:30	午睡:巡回观察,提醒幼儿安静午睡,不在床上玩被子。

续表

时间	环节、内容及指导要点
14:30—15:00	起床整理:指导幼儿自己穿衣裤,师适时协助。
15:00—15:15	点心:引导幼儿排队自取点心。
15:15—16:00	户外活动:好玩的彩虹伞。 游戏目标: 1.锻炼手臂、腰部肌肉,初步培养整体协调能力。 2.对运动产生兴趣,喜欢运动游戏。 游戏准备:彩虹伞、海洋球。 游戏玩法: 1.快乐抛抛抛。 玩法:幼儿拉彩虹伞的边缘,伞中间放海洋球。游戏开始时,拉彩虹伞的小朋友有力掀动彩虹伞。 2.踩颜色。 玩法:围着彩虹伞走动,听口令踩到对应颜色上。
16:00—16:10	离园整理:检查整理物品。
反思及调整	

幼儿园班级日教学工作计划表

班级： 第三周 星期四 教师：

时间	环节、内容及指导要点
8:30—9:00	晨检:测体温,观察幼儿,检查幼儿所带物品,做好记录。 晨间活动:幼儿自选区域游戏,教师观察并适当介入指导。
9:00—10:00	户外活动: 1.散步:参观大班教室。 2.体育锻炼:入场、热身(双脚跳)、韵律操、器械操、放松、整理。
10:00—10:20	生活活动:有尿不憋着。
10:20—10:40	集体活动:大西瓜。 主要领域:艺术。 活动目标: 1. 学唱歌曲,乐意在同伴面前进行表演。 2. 感受歌曲的愉快氛围,体会歌唱活动的乐趣。 活动准备:西瓜一个、音乐《大西瓜》。 活动流程: 1. 导入活动。 出示西瓜,讨论西瓜的外形特征。 播放音乐,幼儿欣赏并讨论歌曲内容。 2. 学唱歌曲。 引导幼儿理解和熟悉歌词内容,跟随教师有节奏地学念歌词内容。 3. 鼓励幼儿根据歌词内容创编动作并大胆表演。 4. 师幼共同进行歌曲演唱。 5. 边听音乐,边品尝西瓜。 (本教案由宜宾市江安县橙乡幼儿园李国婷提供)
10:40—11:20	区域活动:角色区"请客人吃西瓜"。 区域目标:学习使用礼貌用语,养成文明的行为习惯。 指导策略: 1.将美工区西瓜投放到角色区,丰富角色区材料。 2.引导幼儿使用礼貌用语并说说感受。
11:20—11:45	生活活动:盥洗,使用七步洗手法。 餐前活动:手指游戏"小兔子盖新房"。
11:45—12:15	午餐:关注过敏体质幼儿进餐情况,及时做好餐食调整。
12:15—12:30	餐后散步,提示幼儿不剧烈运动。
12:30—14:30	午睡:摆放好自己的鞋袜衣物,安静午睡。
14:30—15:00	起床整理:检查幼儿衣着是否整齐。
15:00—15:15	点心:教师介绍点心,幼儿自取点心。

续表

时间	环节、内容及指导要点
15:15—16:00	户外活动:小乌龟向前爬。 游戏目标:能手膝着地爬,在爬的过程中保持身体平衡。 游戏准备:幼儿书包、礼物盒若干。 游戏玩法: 1.练习动作,掌握方法。 幼儿手膝着地爬,头抬起看着前方。 2.教师创设小乌龟送礼物的情境,将书包或纸盒放幼儿背上当龟壳,增加游戏难度。
16:00—16:10	1.离园整理:整理个人物品,做好离园准备。 2.提醒幼儿周五是玩具分享日。
反思及调整	

幼儿园班级日教学工作计划表

班级：　　　　第三周　　　　星期五　　　　教师：

时间	环节、内容及指导要点
8:30—9:00	晨检:测体温,观察幼儿,检查幼儿所带物品,做好记录。 晨间活动:玩具分享。
9:00—10:00	户外活动: 1.游戏:网小鱼。 2.体育锻炼:入场、热身、韵律操、器械操、放松、整理。
10:00—10:20	生活活动:我会擦鼻涕。
10:20—10:40	集体活动:美味水果。 主要领域:科学。 活动目标: 1.初步理解数的实际意义。 2.能手口一致地点数5以内数量的物体,并说出总数。 3.在操作中积极与材料互动,能按数取物。 活动准备: 1.操作材料:胶水、彩色毛球若干,水果篮上有5以内的圆点图片若干。 2.水果店情境图、水果卡片(含不同数量的5以内的水果球)。 活动过程: 1.情境导入:参观水果店。 创设水果店情景,带幼儿参观水果店,引起幼儿兴趣。 出示若干水果图,引导幼儿观察店铺内的水果。 2.数数水果。 出示水果卡片一(含四个水果),请幼儿手口一致地点数,并说出总数。 出示水果卡片二(含五个水果),请幼儿手口一致地点数,并说出总数。 引导幼儿从左往右、从上往下进行点数,点一个数一个,数完最后是几就是总共有多少个。 3.操作游戏:制作水果拼盘。 (1)认识操作材料。 (2)根据客人要求,制作客人需要的水果拼盘。 幼儿操作,尝试按数“5”取物,师观察指导。 共同检验幼儿操作成果,感知数的实际意义。 4.活动延伸。 将操作材料提供到益智区,让幼儿继续练习5以内的点数和按数取物。 (本教案由宜宾市江安县橙乡幼儿园刘茂提供)
10:40—11:20	区域活动:美工区“制作水果篮”。 区域目标:尝试用卡纸撕、贴,制作水果篮,锻炼手部肌肉。 指导策略:引导幼儿观察葡萄、西瓜等水果的形状,用卡纸撕成葡萄、西瓜,粘贴成水果篮。
11:20—11:45	生活活动:餐前便后会洗手。 餐前活动:演唱儿歌《洗手歌》。

续表

时间	环节、内容及指导要点
11:45—12:15	午餐:指导幼儿正确使用餐具,不挑食、不浪费。
12:15—12:30	餐后散步。
12:30—14:30	午睡:引导幼儿安静入睡,提醒幼儿不蒙头睡,不玩被子。
14:30—15:00	起床整理:区分左右脚,正确穿鞋。
15:00—15:15	点心:幼儿排队取点心,教师指导幼儿自己撕开包装,并将包装袋放入垃圾桶。
15:15—16:00	户外活动:小猪运西瓜。 游戏目标:尝试在低矮的物体上持物行走,提高身体的平衡性,体验与同伴游戏的快乐。 游戏准备:收纳桶、玩具西瓜若干,平衡木、轮胎等铺成的路。 游戏玩法: 1.热身运动:小猪做操。 2.小猪玩桶。幼儿自由玩收纳桶,分享交流各自的玩桶方法。 3.小猪运西瓜。分组游戏,幼儿尝试运用各种方法搬运西瓜通过障碍,先搬运完为胜。 4.放松。
16:00—16:10	离园整理。
反思及调整	

第四周教学工作计划表

<table>
<tr><td colspan="2">本周工作重点</td><td colspan="5">1. 关注夏季环境中的变化,学习运用多种感官获取有关夏天基本特征的经验。
2. 引导幼儿了解夏季防暑降温的方法,乐意参加锻炼和玩水活动。
3. 引导幼儿了解在炎热的夏季仍然坚持从事户外工作的人们,初步理解户外劳动者的辛苦,懂得热爱和尊重劳动者。</td></tr>
<tr><td colspan="2">本周生活活动重点</td><td colspan="5">1. 文明如厕,尝试独立如厕。
2. 学习如厕的方法,知道如厕后要洗手、冲便等。</td></tr>
<tr><td></td><td>内容</td><td>星期一</td><td>星期二</td><td>星期三</td><td>星期四</td><td>星期五</td></tr>
<tr><td rowspan="2">上午</td><td>集体活动</td><td>语言
夏日烦恼</td><td>健康
河塘凉快我远离</td><td>社会
不怕炎热的人们</td><td>科学
自制泡泡水</td><td>艺术
西瓜籽</td></tr>
<tr><td>游戏活动</td><td>户外区
揪尾巴</td><td>益智区
好玩的拼图</td><td>美工区
美丽的扇子</td><td>建构区
夏的乐园</td><td>角色区
温馨娃娃家</td></tr>
<tr><td>下午</td><td>游戏活动</td><td>大鱼追小鱼</td><td>红格子、绿格子</td><td>老狼老狼几点了</td><td>吹泡泡</td><td>切西瓜</td></tr>
<tr><td>备注</td><td colspan="6">绘本:《下雨天》。
儿歌:《爱玩具歌》《大西瓜》。
手指游戏:“五指歌”“小动物做游戏”。</td></tr>
</table>

幼儿园班级日教学工作计划表

班级：　　　　第四周　　　　星期一　　　　教师：

时间	环节、内容及指导要点
8:30—9:00	晨检：测体温、剪指甲，观察幼儿，做好记录。 晨间活动：幼儿自选区域、自选材料进行游戏。
9:00—10:00	户外活动： 1.观察植物角：照顾植物。 2.体育锻炼：入场、热身、韵律操、器械操、放松、整理。
10:00—10:20	生活活动：我会擦屁股。
10:20—10:40	集体活动：夏日烦恼。 主要领域：语言。 活动目标： 1.能简单清楚地表达自己的想法。 2.知道炎热的夏天会给我们带来很多不便。 3.表达对在烈日下工作人们的谢意和尊敬。 活动准备： 1.亲子完成《夏日烦恼调查问卷表》。 2.图片：公车司机、清洁工、农民等。 活动过程： 1.讨论夏天的不便。 在夏天你们有哪些烦恼？ 你们在夏天最不喜欢做的事情是什么？ 2.分享亲子填写的《夏日烦恼调查问卷表》，总结幼儿想法。 3.出示图片，引导幼儿讨论人们在夏日工作的感受。 人们在做什么？ 他们在夏天太阳下工作是什么样的感受？ 他们的工作会给我们带来哪些方便？ 4.幼儿说说，在这炎热的夏天幼儿园的哪些工作人员在继续工作。 5.组织幼儿走出教室，向幼儿园的工作人员表达谢意和尊敬。（厨房、保安等） （本教案由宜宾市江安县橙乡幼儿园汪晓英提供）
10:40—11:20	区域活动：户外区“揪尾巴”。 区域目标：发展躲闪能力。 指导策略：指导幼儿在保护好自己的尾巴不被揪下的同时，揪下对方的尾巴。
11:20—11:45	生活活动：节约用纸不浪费。 餐前活动：阅读绘本《下雨天》。
11:45—12:15	午餐：介绍食谱，提醒幼儿进餐结束后，将碗筷放到指定位置。
12:15—12:30	餐后活动：散步种植园。
12:30—14:30	午睡：引导幼儿如厕，自己脱衣服、鞋子，保持安静。
14:30—15:00	起床整理：自己穿鞋，观察生活教师是如何整理床铺的。
15:00—15:15	点心：自主取点心。

续表

时间	环节、内容及指导要点
15:15—16:00	户外活动:大鱼追小鱼。 游戏目标:锻炼追跑能力。 游戏准备:大鱼小鱼纸偶、神秘箱。 游戏玩法: 1.热身运动。 2.师幼围坐成圆,教师将一套大鱼和小鱼纸偶放入神秘箱中。请两名幼儿从箱子中各抽取一张纸偶,抽到小鱼的幼儿绕着圆圈快跑,抽到大鱼的幼儿追赶抽到小鱼的幼儿。若抽到大鱼的幼儿追上抽到小鱼的幼儿,则抽到大鱼的幼儿获胜,失败方回圆圈休息;反之则抽到大鱼的幼儿坐回圆圈休息,抽到小鱼的幼儿获胜并邀请一名新朋友继续游戏。 3.结束游戏,放松。
16:00—16:10	离园整理:教师检查幼儿着装、有序离园。
反思及调整	

幼儿园班级日教学工作计划表

班级： 第四周 星期二 教师：

时间	环节、内容及指导要点
8:30—9:00	晨检：测体温，观察幼儿，检查幼儿所带物品，做好记录。 晨间活动：幼儿自选区域游戏，观察幼儿游戏情况。
9:00—10:00	户外活动： 1.自主建构：利用纸箱、纸盒等进行自由建构。 2.体育锻炼：入场、热身、韵律操、器械操、放松、整理。
10:00—10:20	生活活动：如厕后要冲便、洗手。
10:20—10:40	集体活动：河塘凉快我远离。 主要领域：健康。 活动目标： 1.知道私自去河塘边玩耍很危险。 2.知道玩水必须有大人陪同，感受夏天玩水的快乐。 活动准备： 1.河塘游泳、玩耍、捉鱼、钓鱼等图片。 2.安全教育平台《防溺水》视频、课件。 活动过程： 1.谈话导入：天气越来越热，你们想去玩水吗？ 2.播放图片，引出不私自到河塘玩耍。 这些小朋友们去哪里玩水了？ 小结：夏天玩水是非常有趣的事，但没有家长陪伴是很危险的，我们一定不要自己悄悄去河塘边玩。 3.播放《防溺水》视频，了解防溺水知识。 悄悄去玩水会有哪些危险？ 危险行为一：私自去野外玩水、游泳。 危险行为二：在野外水域附近玩耍或打捞东西。 师小结：野外玩水有被水冲走的危险，也有被水里的水草缠住的危险，还有可能踩到尖锐的东西划伤脚。 4.播放在泳池游泳的图片，引导幼儿去标准儿童泳池玩水。 （本教案由宜宾市江安县橙乡幼儿园姜毅提供）
10:40—11:20	区域活动：益智区“好玩的拼图”。 区域目标：建立简单的图画概念，知道缺损和完整，学会辨别物体的特殊细节，培养观察能力。 指导策略：引导幼儿观察完整的和不完整的动物形象图片，找出它所缺少的部分，贴在相应的部位，幼儿已经学会一种动物拼图时，教师可引导其挑战难度更大的拼图。
11:20—11:45	生活活动：洗手不玩水。 餐前活动：表演儿歌《爱玩具歌》。
11:45—12:15	午餐：介绍食物，提醒幼儿安静进餐，关注特异体质幼儿进餐情况。
12:15—12:30	餐后散步。

续表

时间	环节、内容及指导要点
12:30—14:30	午睡:引导幼儿安静入睡,教师加强巡视。
14:30—15:00	起床整理。
15:00—15:15	点心:介绍点心,指导幼儿排队取点心。
15:15—16:00	户外活动:红格子、绿格子。 游戏目标:帮助幼儿认识颜色,训练双脚并跳能力。 游戏准备:塑料方块垫(红、绿、蓝各若干)。 游戏玩法: 1.将方块垫间隔插好。 2.幼儿听口令从原地跳入指定的格子,如听到口令“红格子”,则跳入红格子;如听到口令“绿格子”,就跳入绿格子。 3.两名幼儿一组进行游戏,轮流跳或喊口令。
16:00—16:10	离园整理:物品整理检查。
反思及调整	

幼儿园班级日教学工作计划表

班级：　　　　第四周　　　　星期三　　　　教师：

时间	环节、内容及指导要点
8:30—9:00	晨检：测体温，观察幼儿，检查幼儿所带物品，做好记录。 晨间活动：幼儿自选区域游戏，教师重点观察幼儿在游戏中的合作行为。
9:00—10:00	户外活动： 1.散步：带领幼儿观察户外区域，认识户外区域的材料，与同伴讨论交流材料的新玩法。 2.体育锻炼：入场、热身、韵律操、器械操、放松、整理。
10:00—10:20	生活活动：指导幼儿正确洗手，不浪费水。
10:20—10:40	集体活动：不怕炎热的人们。 主要领域：社会。 活动目标： 1.了解夏季坚持从事户外工作的人们。 2.理解户外劳动者的辛苦，懂得尊重劳动者。 活动准备：夏季坚持户外工作的照片（交警、农民、建筑工、环卫工、快递员等）。 活动过程： 1.讨论夏天户外活动的感受。 在炎热的夏季，你们在户外玩耍是什么感受？ 你们在户外觉得不舒服了可以怎么做？ 2.出示照片，请幼儿了解还有很多在烈日下坚持工作的人们。 谁在工作？他在做什么？为什么叔叔在炎热的季节里还坚持送快递？ 建筑工人为什么在烈日下还坚持工作？ 环卫工人在做什么？如果没有环卫工人，我们的生活会怎样？ 交警叔叔在做什么？如果没有交警会怎么？ 3.讨论：看见这些在烈日下工作的人们，我们可以做什么？ 尊敬他们，要有礼貌；遵守交通规则；不乱扔垃圾…… （本教案由宜宾市江安县橙乡幼儿园王艳提供）
10:40—11:20	区域活动：美工区“美丽的扇子”。 区域目标：了解不同扇子的外形特征，运用撕、贴、画、涂的方法制作扇子。 指导策略： 1.鼓励幼儿画出不同形状的扇子。 2.鼓励幼儿尝试用不同方法装饰扇子。
11:20—11:45	生活活动：正确洗手。 餐前活动：阅读绘本《下雨天》。
11:45—12:15	午餐：介绍食物，关注幼儿饮食量。
12:15—12:30	餐后散步，提醒幼儿不做剧烈运动。
12:30—14:30	午睡：睡前如厕，不蒙头睡和趴着睡。
14:30—15:00	起床整理：提醒幼儿起床后上厕所，如有尿湿床的要主动告知教师。
15:00—15:15	点心：指导幼儿吃完点心后整理桌面。

续表

时间	环节、内容及指导要点
15:15—16:00	户外活动:老狼老狼几点了。 游戏目标:练习快跑。 游戏准备:老狼头饰一个,在场地一端画一条起点线。 游戏玩法: 1.幼儿扮小动物,四散地站在起点线前面。教师戴上头饰扮老狼,背对幼儿站在幼儿前几米的地方。 2.游戏开始,小动物边往前走边问:“老狼老狼几点了?”老狼回答:“×点了。”小动物继续提问,老狼回答,小动物每问一句,就要大胆地走近老狼,边走边问,直到老狼回答“天黑了”时,小动物赶快转身往回跑,老狼转身追捉小动物,但不能超过起点线。 3.被捉到的小动物站到场外。 4.游戏重复进行3~5次结束。 5.幼儿熟悉游戏后,可以让幼儿扮老狼游戏。
16:00—16:10	离园整理。
反思及调整	

幼儿园班级日教学工作计划表

班级：　　　　第四周　　　　星期四　　　　教师：

时间	环节、内容及指导要点
8:30—9:00	晨检：测体温，观察幼儿，检查幼儿所带物品，做好记录。 晨间活动：幼儿自选区域游戏，教师重点观察区域活动中幼儿的交往行为。
9:00—10:00	户外活动： 1.游戏：老鹰抓小鸡。 2.体育锻炼：入场、热身、韵律操、器械操、放松、整理。
10:00—10:20	生活活动：排队喝水。
10:20—10:40	集体活动：自制泡泡水。 主要领域：科学。 活动目标： 1.尝试制作泡泡水，体验制作泡泡水的乐趣。 2.在探究过程中了解泡泡水的制作方法。 活动准备： 1.洗手液、洗衣粉、洗洁精等常见的洗涤用品四人一份。 2.清水若干杯，小勺子、吹泡泡工具每人一份。 3.歌曲《泡泡爱唱歌》。 活动过程： 1.游戏导入。 师吹泡泡，幼儿自由抓泡泡，体验玩泡泡的乐趣。 交流讨论：泡泡是从哪里来的? 2.出示制作泡泡水的材料，请幼儿通过看、闻、摸等方法感知各种材料，并说出它们的名称和用途。 3.幼儿自由探索制作泡泡水。引导幼儿发现不是每一种洗涤用品都能轻易吹出泡泡。 4.交流分享，体验快乐。 (1)请幼儿介绍自己的制作过程。(吹出和没有吹出泡泡的) (2)师小结泡泡水制作的方法。洗洁精更容易出泡泡，洗涤剂加得多一些容易吹出泡泡。 5.幼儿第二次操作制作泡泡水。 6.游戏：玩泡泡。 播放音乐《泡泡爱唱歌》，幼儿在户外自由吹泡泡。 7.活动延伸。 在生活中继续探索还可以往清水中加什么，可以使泡泡吹得又大又密。 (本教案由宜宾市江安县橙乡幼儿园刘茂提供)
10:40—11:20	区域活动：建构区“夏的乐园”。 区域目标：对建构活动感兴趣，能按自己的意愿进行建构。 指导策略：引导幼儿在建构活动中相互交流讨论“在夏天最喜欢玩的地方”，能根据讨论的物体的外形特征选用合适的建构材料大胆进行建构。
11:20—11:45	生活活动：便后要洗手。 餐前活动：手指游戏“小动物做游戏”。
11:45—12:15	午餐：介绍食谱，进餐时细嚼慢咽，不发出较大声音，保持桌面及地面的整洁。
12:15—12:30	餐后散步。
12:30—14:30	午睡：提醒幼儿不带玩具及危险品上床，午休时不咬被角。

续表

14:30—15:00	起床整理:提醒幼儿起床后检查自己的床铺,带走自己的物品。
15:00—15:15	点心:自主取点心。
15:15—16:00	户外活动:吹泡泡。 游戏目标:练习一个跟着一个走成圆形队伍。 游戏准备:在场地上画一个大圆圈。 游戏玩法: 1.教师与幼儿手拉手沿着大圆圈站好。 2.游戏开始,大家在圆圈上按逆时针方向一个跟着一个走成圆形队伍,边走边念儿歌:“吹泡泡,吹泡泡,吹成一个大泡泡。”重复念儿遍后,教师说:“泡泡飞高了。”幼儿两臂上举。教师说:“泡泡飞低了。”幼儿原地蹲下。重复数次。教师说:“泡泡破了。”幼儿发出“啪”的声音,四散离开圆圈。教师又说:“吹泡泡了!”大家又回到圆圈上站好。 3.游戏重新开始。
16:00—16:10	1.离园整理:整理个人物品。 2.提醒幼儿周五是玩具分享日。
反思及调整	

幼儿园班级日教学工作计划表

班级：　　　　第四周　　　　星期五　　　　教师：

时间	环节、内容及指导要点
8:30—9:00	晨检：测体温，观察幼儿，检查幼儿所带物品，做好记录。 晨间活动：玩具分享。
9:00—10:00	户外活动： 1. 散步：观察其他班级的植物。 2. 体育锻炼：入场、热身、韵律操、器械操、放松、整理。
10:00—10:20	生活活动：提示幼儿排队时不推挤。
10:20—10:40	集体活动：西瓜籽。 主要领域：艺术。 活动目标： 1. 尝试以圆形、半圆形、三角形为基础图形画出切开后的西瓜。 2. 学习用棉签蘸颜料的方法进行绘画。 3. 喜欢参与美术活动，感受棉签画的乐趣。 活动准备：切西瓜 PPT、画纸、油画棒、黑色颜料、棉签、音乐《大西瓜》。 活动流程： 1. 导入活动：复习歌曲《大西瓜》。 2. 播放 PPT，演示切西瓜，引导幼儿观察西瓜切开后的不同形状。 提问：没有切开的西瓜是什么形状的？什么颜色？ 我们在西瓜上切一刀，西瓜变成什么形状？有什么颜色？ 再切一刀，西瓜又变成什么形状了呢？ 3. 画西瓜。 (1)认识绘画材料。 (2)引导幼儿画出西瓜切开后的不同形状，并用棉签蘸颜料点画西瓜籽。 (3)提示幼儿绘画过程中的注意事项。 (4)幼儿自主操作，师巡回指导。 4. 作品展示，师幼共同欣赏。 (本教案由宜宾市江安县橙乡幼儿园李国婷提供)
10:40—11:20	区域活动：角色区“温馨娃娃家”。 区域目标：能和同伴友好玩耍，遇到问题时能协商解决或请求教师的帮助。 指导策略：重点观察幼儿在娃娃家的语言交流及材料使用情况，引导幼儿将区域材料联动，如在美工区制作冰激凌、西瓜，在娃娃家品尝等。
11:20—11:45	生活活动：盥洗，小手洗干净。 餐前活动：表演儿歌《大西瓜》。
11:45—12:15	午餐：提醒幼儿餐后主动擦嘴，将碗勺放到指定位置。
12:15—12:30	餐后散步。
12:30—14:30	午睡：检查幼儿是否带异物上床，提醒幼儿摆放好自己的鞋袜。
14:30—15:00	起床整理：鼓励幼儿自己穿衣叠被，检查幼儿衣着是否整齐。
15:00—15:15	点心：组织幼儿有序自取点心，不挑食，不浪费。

续表

时间	环节、内容及指导要点
15:15—16:00	户外活动:切西瓜。 游戏目标:愿意参加体育游戏,感受奔跑、追逐的乐趣。 游戏准备:宽阔平坦的场地。 游戏玩法: 1.组织幼儿手拉手围成一个大圈,变成一个大西瓜。 2.带领幼儿有节奏地念儿歌:“切西瓜,切西瓜,要吃西瓜切开它。”教师边走边有节奏地在幼儿拉手处做切西瓜状。儿歌念完时,教师的手停留在哪两位小朋友中间,哪两位小朋友就把手放开,拉着其余小朋友的手往圆心跑,表示西瓜被切开了。 3.游戏反复进行,幼儿熟悉规则后,可请幼儿来切西瓜。
16:00—16:10	离园整理:整理个人物品,带被褥回家清洗,提示幼儿不遗漏。
反思及调整	

××幼儿园“狂欢一夏·梦幻泡泡秀”亲子活动方案

一、背景

五彩斑斓、漫天飞舞，梦幻泡泡承载童话梦想。小班幼儿渴望在夏季与自己的父母、教师和朋友有一场梦幻般的泡泡秀，在梦幻的泡泡中体验前所未有的乐趣。因此，我们小班组在“清凉一夏”这个主题活动中设计了“清凉一夏·梦幻泡泡秀”亲子活动，让孩子们尽情地在水的世界感受夏的凉爽，让孩子们的肌肤与泡沫来一次亲密接触，同时增进亲子感情，让幼儿度过一个快乐而有意义的夏天。

二、主题

狂欢一夏·梦幻泡泡秀。

三、时间

×月×日。

四、地点

××。

五、领导小组

组长：××。

成员：××。

六、活动准备和场地安排

1. 物质准备：音乐（入场和背景音乐）、音响、大型泡泡机，自制泡泡水和材料、气球、儿童泡泡机（家长自备）、家长温馨提示等。

2. 精神准备：开展活动前的安全教育，提前熟悉活动场地等。

3. 场地安排。

七、活动流程、组织形式及时间安排

1. 8：15—8：30，幼儿入场。家长提前把幼儿的小椅子搬到指定位置，分班就座，中间留出入场通道。幼儿俩俩牵手入场，入场式后，主持人开场。（教师提前安排好班级就座地点，家长站在班级幼儿后面）

2. 8:35—8:40,园长致辞。

3. 8:40—8:50,幼儿律动《我们是祖国的花朵》《战豆》《碰一碰》。

幼儿在主持人和各班教师的组织下,站在各自的小椅子前面,随音乐一起律动热身,调动幼儿参与活动的气氛。

4. 8:50—8:55,教师舞蹈《向快乐出发》。

5. 8:55—9:10,中场回班休息。

教师带领幼儿抬小椅子回班整理、喝水等,家长协助幼儿拿取泡泡机,换好适合的衣服,在教师的引导下在指定的地点进行游戏。(教师、保育员和家长志愿者提前布置好场地及材料)

6. 9:10—10:30,梦幻泡泡秀。

(1)启动大型泡泡机(大型泡泡机由××等三名保育员负责看管及使用。其余保育员站在外围场地,禁止幼儿在走廊玩泡泡,防止泡泡水打湿地面后导致现场人员滑倒)

(2)家长带领幼儿玩泡泡。

7. 10:30—11:00,活动结束,回班级清洗整理。

八、准备工作负责人员安排

1. 主持人:××。
2. 教师及幼儿律动素材:××。
3. 拍照、录像:××。
4. 服装准备:××。
5. 家长温馨提示:××。
6. 泡泡水、工具制作:××。
7. 展板:××。
8. 场地布置:××。

九、注意事项

1. 活动当天,幼儿统一穿园服,教师统一服装、头饰,保育员统一着装。
2. 活动当天,安全由各班教师自行负责,保育员负责外围安全。
3. 参加活动的幼儿及家长不拥挤、要排队,听从教师的引导。
4. 活动当天,空堂教师于7:50布置最后环境及检查场地安全和音响设备。

××××年××月××日

(本方案由宜宾市江安县橙乡幼儿园胡万宇提供)

附录 拓展主题

好朋友一起玩

你好，彩色世界

我爱我家

一园青菜